Sammlung Luchterhand 302

Wladimir Majakowski
Die Wanze
Schwitzbad
und andere satirische Dichtungen aus den Jahren 1928–1929

Nachdichtung von Rainer Kirsch
Mit Dokumenten und Materialien im Anhang
Herausgegeben von Fritz Mierau

Luchterhand

Originalausgabe
Sammlung Luchterhand, April 1980
Lektorat: Ingrid Krüger

Diese Ausgabe beruht auf der »Schwitzbad«-Ausgabe des Verlages Philipp Reclam jun. Leipzig, 1979, dem wir für die Druckgenehmigung danken. Die Veröffentlichung von Rainer Kirschs Übersetzung der »Wanze« erfolgt mit freundlicher Genehmigung des Henschel-Verlages, Berlin (DDR).

Gesamtherstellung bei der
Druck- und Verlags-Gesellschaft mbH, Darmstadt.
ISBN 3-472-61302-5

Inhalt

Die Wanze

Märchenzauber-Komödie in neun Bildern

Es wirken mit:[1]

STREUREIKIN – ROY GEIGIN, ehemaliger Arbeiter, ehemaliges Parteimitglied, jetzt Bräutigam

SOJA BIRKINA, Arbeiterin

ELSEVIRA DAVIDOWNA RENAISSANCE, Braut

ROSALIA PAWLOWNA RENAISSANCE, Mutter und Friseurladenbesitzerin

DAVID OSSIPOWITSCH RENAISSANCE, Vater und Friseur

OLEG HARMONIKAJAN, Naturtalent aus dem Geschlecht der Hausbesitzer

MILIZIONÄR

PROFESSOR

ZOODIREKTOR

BRANDMEISTER

FEUERWEHRLEUTE

TRAUZEUGEN

REPORTER

ARBEITER-AUDITORIEN

VORSITZENDER DES STADTSOWJETS

SPRECHER

STUDENTEN

FESTORDNER

PRÄSIDIUM DES STADTSOWJETS, JÄGER, KINDER, ALTE

1

Im Zentrum die Drehtür eines Kaufhauses, verglaste Seiten, gefüllte Schaufenster. Man kommt mit nichts, man geht mit Paketen. Im ganzen Theater herumlaufende Bauchladenhändler.

KNOPFHÄNDLER

Wegen einem Knopf nicht heiraten, wegen einem Knopf nicht scheiden lassen! Ein Druck von Daumen und Zeigefinger, und nie wieder rutschen dem Bürger die Hosen.
Holländische
mechanische
selbstannähende Knöpfe
sechs Stück zwanzig Kopeken...
Bitte, Mussjöh!

PUPPENHÄNDLER

Tanzende Menschen
wie im Ballettchen!
Das beste Spielzeug
für Krippe, Haus und Staat
tanzt nach Vorschrift
vom Volkskommissariat!

APFELHÄNDLERIN

Ananas!
ist nicht.
Bananen!
sind nicht.
Antonäpfel vier Stück fünfzehn Kopeken.
Was darf es sein, Bürgerin?

SCHLEIFSTEINHÄNDLER

Deutscher
unzerbrechlicher
Wetzstein
dreißig

Kopeken
jedes Stück
bloß!
Wetzt
in jeder Richtung
für
jeden Geschmack
Rasiermesser,
Scheren
und Zungen zur Diskussion!
Bittschön, Bürger!

LAMPENSCHIRMHÄNDLER
Lampenschirme
in jeder
Färbung und Raffung!
Für das Gemüt blau,
rot für die Leidenschaften.
Machen Sie es sich gemütlich, Genossen!

LUFTBALLONVERKÄUFER
Luftballon-Würstchen.
Fliegt ohne Dürstchen.
Ein Ballon
hiervon
dem General Nobile
er wäre
länger geblieben
am Pol, he!
Nehmen Sie, Bürger...

HERINGSHÄNDLER
Und hier
beste
republikanische Heringe
unerläßlich
zu Wodka und Plinsen!

GALANTERIEWARENHÄNDLERIN
Büstenhalter, pelzgefüttert

Büstenhalter, pelzgefüttert!

LEIMVERKÄUFER

Bei uns,
im Ausland,
und wohin man hört
wirft der Bürger
weg
zerbrochnes Geschirr.
Der berühmte
Exzelsior-
Pulverleim
klebt
selbst Venus
den Nachttopf heil!
Möchten Sie, Gnädigste?

PARFÜMHÄNDLERIN

Cóty[2]-Parfüme
in kleinsten Mengen!
Cóty-Parfüme
in kleinsten Mengen!

BUCHVERKÄUFER

Was macht die Frau, wenn der Mann nicht zu Hause ist, einhundertfünf heitere Witze des ehemaligen Grafen Lew Nikolajewitsch Tolstoi statt ein Rubel zwanzig nur fünfzehn Kopeken.

GALANTERIEWARENHÄNDLERIN

Büstenhalter, pelzgefüttert
Büstenhalter, pelzgefüttert!

Auftreten Streureikin, Rosalia Pawlowna, Harmonikajan.

GALANTERIEWARENHÄNDLERIN Büstenhalter –

STREUREIKIN *begeistert:* Was für aristokratische Babyhäubchen!

ROSALIA PAWLOWNA Was heißt hier Babyhäubchen, das sind doch –

STREUREIKIN Habe ich vielleicht keine Augen, was? Und wenn uns Zwillinge geboren werden? Das hier ist für

Dorothy, das für Lilian. Ich habe schon aristokratisch-kinomategrafische Namen für sie beschlossen, und so werden sie zusammen ausfahren. Ja! In meinem Haus muß Überfluß sein. Nehmen Sie, nehmen Sie, Rosalia Pawlowna.

HARMONIKAJAN *kichernd:* Nehmen Sie, nehmen Sie, Rosalia Pawlowna! Haben die etwas Vulgäres im Kopf? Die sind eine junge Klasse, die begreifen alles auf ihre Weise. Er bringt ihnen eine uralte, unbefleckte proletarische Herkunft und ein Gewerkschaftsbuch ins Haus, und Sie sehen auf den Rubel! In seinem Haus muß Überfluß sein. *Rosalia Pawlowna kauft seufzend.* Ich schaffe es... sie sind ganz leicht... geruhen Sie sich nicht aufzuregen... im Preis inbegriffen.[3]

PUPPENHÄNDLER Tanzende Menschen, wie im Ballettchen –

STREUREIKIN Meine künftigen nachkommenschaftlichen Kinder sollen im eleganten Geschmack erzogen werden. Ja! Nehmen Sie, Rosalia Pawlowna!

ROSALIA PAWLOWNA Genosse Streureikin –

STREUREIKIN Nennen Sie mich nicht Genosse, Bürgerin, noch sind Sie mit dem Proletariat nicht verschwägert.

ROSALIA PAWLOWNA Künftiger Genosse Bürger Streureikin, für das Geld muß man fünfzehn Leuten die Bärte rasieren, nicht gerechnet Kleinigkeiten wie Schnurrbärte und sonstiges. Besser Bier für die Hochzeit als überflüssigen Kram. Na?

STREUREIKIN *streng:* Rosalia Pawlowna! Ich habe ein Haus –

HARMONIKAJAN In seinem Haus muß Überfluß sein. Und Tänze und Bier müssen bei ihm ein Springquell sein, wie aus dem Füllhorn. *Rosalia Pawlowna kauft. Harmonikajan nimmt die Tüten:* Geruhen Sie sich nicht zu beunruhigen, im Preis inbegriffen.

KNOPFHÄNDLER Wegen einem Knopf nicht heiraten! Wegen einem Knopf nicht scheiden lassen!

STREUREIKIN In unserer roten Familie darf es keine kleinbürgerliche Lebensweise und Hosenprobleme geben. Ja! Nehmen Sie, Rosalia Pawlowna!

HARMONIKAJAN Solange Sie nicht das Gewerkschaftsbuch haben, reizen Sie ihn nicht, Rosalia Pawlowna. Er ist die siegreiche Klasse, und er fegt alles weg auf seinem Weg, wie Lava, und die Hosen müssen bei Genossen Geigin voller Überfluß sein. *Rosalia Pawlowna kauft mit einem Seufzer.* Geruhen Sie, im Preis –

HERINGSHÄNDLER Beste republikanische Heringe! Unerläßlich

zum Wodkatrinken!

ROSALIA PAWLOWNA *drängt alles beiseite; laut und in Stimmung geraten:* Heringe, das – ja! Da werden Sie was haben für die Hochzeit. Das nehme ich mit »ja«! Kommen Sie, Missjöh Männer. Wieviel kostet der Strömling?

HÄNDLER Dieser Lachs kostet zwei sechzig das Kilo.

ROSALIA PAWLOWNA Zwei sechzig für die ausgewachsene Sprotte?

VERKÄUFER Madam, bloß zwei sechzig für diesen Kandidaten auf einen Stör.

ROSALIA PAWLOWNA Zwei sechzig für die marinierten Korsettstangen? Haben Sie gehört, Genosse Geigin? Also waren Sie im Recht, als Sie den Zaren umbrachten und den Fabrikanten Rjabuschinski[4] verjagten. Oj, die Banditen! Ich finde meine Bürgerrechte und meine Heringe in der staatlichen sowjetischen gesellschaftlichen Kooperative!

HARMONIKAJAN Warten wir hier, Genosse Geigin. Wozu müssen Sie sich mit dem kleinbürgerlichen Element vermischen und Heringe kaufen bei einem derartigen Diskussionsstand? Für Ihre fünfzehn Rubel und eine Flasche Wodka organisiere ich Ihnen ein Hochzeitchen zum Fingerlecken.

STREUREIKIN Genosse Harmonikajan, ich bin gegen die kleinbürgerliche Lebensweise – Kanarienvögel und so weiter. Ich bin ein anspruchsvoller Mensch... Ich interessiere mich für einen Spiegelschrank.

Soja Birkina stolpert beinahe über die beiden, tritt erstaunt beiseite, hört zu.

HARMONIKAJAN Wenn Ihre Hochzeitsassemblee –

STREUREIKIN Was quatschen Sie? Was für Asseln?

HARMONIKAJAN Assemblee, sage ich. So, Genosse Geigin, nennt man in schönen ausländischen Sprachen alles mögliche, insbesondere so eine feierliche Hochzeitstour.

STREUREIKIN Ah! Ah-ja-ja!

HARMONIKAJAN Also, wenn die Assemblee kommt, singe ich Ihnen die Hymen-Arie.

STREUREIKIN Was quatschst du? Was für ein Himalaja?

HARMONIKAJAN Kein Himalaja, sondern ein Lied über den Gott Hymen. So einen Liebesgott hatten die Griechen[5], aber nicht diese vertierten gelben kapitalistischen, sondern die alten, republikanischen.

STREUREIKIN Genosse Harmonikajan, ich verlange für mein Geld, daß es eine rote Hochzeit wird und keinerlei Götter! Kapiert?

HARMONIKAJAN Aber ja, Genosse Geigin, nicht daß ich verstanden habe, doch kraft der laut Plechanow Marxisten gestatteten Vorstellungsgabe sehe ich wie durch ein Prisma Ihre klassenmäßige, erhabene, elegante und berauschende Feier! Die Braut klettert aus der Kutsche – eine rote Braut, vollkommen rot, das heißt, sie ist in Schweiß geraten; heraus geleitet sie der rote Brautvater, der Buchhalter Erikalow, ein passend dicker, roter apoplektischer Mann; ins Haus bringen sie zwei rote Trauzeugen; der ganze Tisch voll rotem Schinken und die Flaschen mit roten Köpfchen.

STREUREIKIN *ergriffen:* Ja! Ja!

HARMONIKAJAN Die roten Gäste rufen »bitter! bitter«, und jetzt bietet die rote, nunmehr Gattin Ihnen die rot-roten Lippen –

Soja faßt die beiden verstört am Ärmel. Beide nehmen Sojas Hand weg und schnipsen Staub vom Ärmel.

SOJA Wanja! Wovon redet er? Was quasselt dieser Tintenfisch mit Schlips? Was für eine Hochzeit? Wessen Hochzeit?

HARMONIKAJAN Die rote werktätige Eheschließung von Elsevira Davidowna Renaissance mit –

STREUREIKIN Ich, Soja Iwanna, liebe eine andre
von besserem Bau, die feiner geht
und es umspannt die feste Brust charmanter
ein fliederfarbenes Jackett.

SOJA Wanja! Und ich? Das heißt, mit ins Bett genommen und sitzengelassen?

STREUREIKIN *streckt abweisend die Hand aus:* Wir trennten uns, wie Schiffe auf dem Meer...

ROSALIA PAWLOWNA *stürzt aus dem Kaufhaus mit Heringen, die sie über dem Kopf trägt:* Wale! Delphine! *Zum Heringshändler:* Und jetzt zeig, und vergleich deine Schnecke. *Vergleicht, der Hering des Händlers ist größer; wirft die Hände hoch.* Einen Schwanz größer?! Wofür haben wir gekämpft, he, Bürger Geigin? Wozu haben wir den Selbstherrscher Imperator umgebracht und den Fabrikanten Rjabuschinski verjagt, he? Ins Grab bringt mich Ihre Sowjetmacht... Einen Schwanz, einen ganzen Schwanz größer!

HARMONIKAJAN Verehrte Rosalia Pawlowna, messen Sie vom anderen Ende: da ist er nur um den Kopf größer, und wozu brauchen Sie den Kopf – er ist sowieso nicht eßbar, abschneiden und wegwerfen.

ROSALIA PAWLOWNA Haben Sie gehört, was er sagt? Den Kopf abschneiden. Ihnen den Kopf abschneiden, Bürger Harmonikajan, ändert nichts und kostet überhaupt nichts, aber ihm den Kopf abschneiden kostet mich zehn Kopeken pro Kilo. Na! Nach Hause! Ich brauche dringend ein Gewerkschaftsbuch im Haus, aber eine Tochter in einem einträglichen Unternehmen ist auch keine Taube auf dem Dach.

SOJA Leben wollten wir, arbeiten wollten wir... Also aus...

STREUREIKIN Bürgerin! Unsere Liebe ist liquidiert. Mengen Sie sich einem freien Bürger nicht ins Gefühl, oder ich rufe die Miliz.

Soja klammert sich weinend an seinen Ärmel. Streureikin

reißt sich los. Rosalia Pawlowna stellt sich zwischen ihn und Soja, verliert dabei ihre Einkäufe.

ROSALIA PAWLOWNA Was will die Schlampe? Was krallen Sie sich an meinen Schwiegersohn?

SOJA Er gehört mir!

ROSALIA PAWLOWNA Ah! Und mit Kind im Bauch. Ich werde ihr die Alimente zahlen, aber ich schlage ihr die Fresse ein!

MILIZIONÄR Bürger, Schluß mit dieser unerhörten Szene!

2

Wohnheim für junge Männer. Erfinder schnauft und zeichnet. Junger Mann liegt rum; auf der Bettkante junges Mädchen. Bebrillter vergräbt den Kopf in einem Buch. Wenn die Tür geöffnet wird, sieht man einen Korridor mit Türen und Glühbirnen.

BARFÜSSIGER JUNGER MANN *brüllt:* Wo sind die Stiefel? Wieder die Stiefel geklaut. Soll ich sie vielleicht nachts in die Aufbewahrung für Hand- und Fußgepäck auf den Kursker Bahnhof schleppen?

PUTZMANN[6] In denen ist Streureikin ab zum Randdevuh mit seiner Ziege. Hat sie angezogen und hat geflucht. Zum letzten Mal, sagt er. Und abends, sagt er, erscheine ich in renoviertem Äußeren, das meiner neuen sozialen Lage entspricht.

BARFÜSSIGER Das Aas!

JUNGER ARBEITER *räumt auf:* Sogar sein Müll ist irgendwie edel und empfindsam geworden. Früher Bierflaschen und ein Dörrfischschwanz, jetzt Parfümdöschen und regenbogenfarbene Schleifen.

JUNGES MÄDCHEN Hör auf zu quasseln, einer kauft sich einen Schlips, und gleich schimpft ihr ihn MacDonald.[7]

JUNGER MANN Und ein MacDonald ist er! Die Frage ist nicht der Schlips, sondern daß er am Schlips hängt statt der Schlips an ihm. Er denkt nicht mal – aus Angst, den Kopf zu bewegen.

PUTZMANN Löcher macht er mit Lack weg; heute hat er es eilig und sieht ein Loch im Strumpf, da beschmiert er im Gehen den Fuß mit Tintenstift.

JUNGER MANN Der ist bei ihm auch ohne Stift schwarz.

ERFINDER Kann sein, an der Stelle war er nicht schwarz. Er hätte die Socken wechseln müssen.

PUTZMANN Der hats gleich raus – ein Erfinder. Melde ein

Patent an. Paß auf, daß sie dir die Idee nicht klauen. *Wischt mit einem Lumpen über den Tisch, stößt eine Schachtel um, aus der fächerförmig Karten fallen; bückt sich, um sie aufzuheben, trägt sie zum Licht, schüttet sich aus vor Lachen, während er die anderen herwinkt.*

ALLE *lesen, wiederholen:* Roy Geigin, Roy Geigin!

ERFINDER Da hat er einen Namen erfunden. Streureikin. Na, was ist Streureikin? Wozu Streureikin? Wohin mit Streureikin? Für wen Streureikin? Aber Roy Geigin – das ist schon kein Name mehr, sondern eine Romanze.

JUNGES MÄDCHEN *träumerisch:* Aber wirklich – Roy Geigin, das ist sehr elegant und bemerkenswert. Ihr feixt hier, aber er führt vielleicht die Kulturrevolution im Haus durch.

JUNGER MANN Mit der Fresse hat er schon Puschkin übertroffen. Seine Koteletten hängen wie bei einem Hund der Schwanz, er wäscht sie nicht mal, vor Angst, sie gehen aus der Form.

JUNGES MÄDCHEN Harry Piel hat auch so eine Kultur über die ganze Backe.

ERFINDER Sein Lehrmeister für die behaarten Teile entwickelt ihn.

JUNGER MANN Und auf was sich bei dem Lehrmeister bloß die Haare halten: Von Kopf keine Spur, und Locken soviel du willst. Ob das von der Feuchtigkeit kommt?

JUNGER MANN MIT BUCH Neee. Er ist Schriftsteller. Was er geschrieben hat, weiß ich nicht, ich weiß bloß, daß er berühmt ist. Die Abendzeitung hat ihn dreimal erwähnt; er hat, sagen sie, Verse von Apuchtin als seine verkauft. Wie der beleidigt war, er hat eine Richtigstellung geschrieben. Idioten, sagt er, alles gelogen, es ist bei Nadson abgeschrieben. Wer von ihnen recht hat, weiß ich nicht. Drucken tun sie ihn nicht mehr, aber berühmt ist er jetzt sehr, er lernt die Jugend an. Die einen in Gedichten, die anderen in Gesang oder Tanz, die anderen im Geldborgen.

JUNGER MANN MIT BESEN Das ist keine Arbeitersache, sich beim Fingerlackieren Schwielen zu holen.

Schlosser, ölverschmiert, während des letzten Satzes herein, wäscht sich die Hände, dreht sich um.

SCHLOSSER Zum Arbeiter hat der überhaupt keinen Bezug, heute hat er sich die Schlußabrechnung geben lassen, er heiratet ne Jungfer, Friseurtochter, sie ist Kassiererin und Maniküre. Die Krallen schneiden wird ihm jetzt Mademoiselle Elsevira Renaissance.

ERFINDER Elsevira – so eine Schrift gibt es.

SCHLOSSER Von Schriften verstehe ich nichts, aber einen Korpus hat sie, das ist wahr. Er hat das Foto dem Buchhalter gezeigt zur Beschleunigung der Abrechnung.

Eine Liebste wie ein Wunder –
schon die Brust gibt dreißig Pfund her.

BARFÜSSIGER Der ist aus dem Schneider.

JUNGES MÄDCHEN Aha! Bist du neidisch?

BARFÜSSIGER Was denn, wenn ich technischer Kader bin und mir Stiefel für alle Tage anschaffe, erschnüffle ich mir auch das beste Quartierchen.

SCHLOSSER Ich rate dir eins – schaff dir Scheibengardinen an. Du schiebst sie zurück – und guckst auf die Straße. Du schiebst sie wieder vor – und hast ein Schmiergeld in der Tasche. Bloß allein arbeiten ist öde, ein Huhn alleine fressen ist lustiger. Stimmts? Aus den Schützengräben sind solche auch losgerannt, um aus dem Schneider zu sein, nur wir haben sie an die Wand gestellt. Na los – geh schon!

BARFÜSSIGER Und ich werde und werde gehen. Was machst du aus dir einen Karl Liebknecht? Wenn sie dir aus dem Fenster mit Blümchen winken, rennst du auch los. Ein Held!

SCHLOSSER Ich gehe nirgendhin. Denkst du, mir gefallen der Gestank und die Lumpen? Nein. Wir, mein Lieber, sind viele. Für alle von uns sind keine NÖP-Töchter da. Wir werden Häuser bauen und zugleich losgehen... Alle zugleich. Aber aus dem Schützenloch kriechen wir nicht mit weißen Fahnen.

BARFÜSSIGER Die alte Leier – Schützengräben. Jetzt ist nicht neunzehnhundertneunzehn. Die Leute möchten für sich selber leben.

SCHLOSSER Und was – keine Schützengräben?

BARFÜSSIGER Schwindel!

SCHLOSSER Läuse soviel du willst.

BARFÜSSIGER Schwindel!

SCHLOSSER Und geschossen wird mit lautlosem Pulver.

BARFÜSSIGER Schwindel!

SCHLOSSER Streureikin haben sie schon aus einer Augendoppelflinte angeschossen.

Herein Streureikin in Lackschuhen, hält in der vorgestreckten Hand abgetragene Schuhe an den Schnürsenkeln, wirft sie dem Barfüßigen zu. Harmonikajan mit Einkäufen. Verdeckt vor Geigin den Schlosser.

HARMONIKAJAN Verschwenden Sie, Genosse Geigin, auf diese groben Tänze keine Aufmerksamkeit, sie verderben den bei Ihnen sich herausbildenden feinen Geschmack.

Die jungen Leute des Wohnheims drehen sich weg.

SCHLOSSER Hör auf zu dienern! Du holst dir Beulen am Schädel.

HARMONIKAJAN Ich verstehe Sie, Genosse Geigin: es ist ungeheuer schwer, bei Ihrer zarten Seele, in denen ihrer groben Gesellschaft. Lassen Sie noch für eine Stunde Ihre Geduld nicht platzen. Der verantwortlichste Schritt im Leben ist der erste Foxtrott nach der Eheschließung. Er muß für das ganze Leben Eindruck machen. Also, schieben Sie los mit einer vorgestellten Dame. Was knallen Sie wie auf der Maiparade?

STREUREIKIN Genosse Harmonikajan, ich ziehe die Schuhe aus: erstens sie drücken, zweitens sie latschen sich ab.

HARMONIKAJAN Ja, ja! So, so, leisen Schrittes, als ob Sie in einer Mondnacht voller Träume und Melancholie aus der Kneipe kommen. So, so! Aber wackeln Sie nicht mit der unteren Büste, Sie sind kein Handwagen, sondern führen eine Mademoiselle. So, so! Wo ist die Hand? Niedrig die Hand!

STREUREIKIN *rutscht von einer imaginären Schulter ab:* Sie hält sich nicht in der Luft.

HARMONIKAJAN Entdecken Sie, Genosse Streureikin, als Spähtrupp den Büstenhalter und drücken Sie gleichsam zur Erholung mit dem Daumen zu, der Dame ist das angenehm und für Sie eine Erleichterung – Sie können an die andere Hand denken. Was vibrieren Sie mit den Schultern? Das ist kein Foxtrott mehr, da geruhen Sie schon einen Shimmy-Schritt vorzudemonstrieren.

STREUREIKIN Nein. Ich habe mich... gekratzt.

HARMONIKAJAN Aber darf man das etwa so, Genosse Streureikin! Wenn Ihnen in Ihrer tänzerischen Inspiration ein derartiger Kasus passiert, rollen Sie die Augen, als wären Sie eifersüchtig, entfernen sich auf spanisch zur Wand, reiben sich an irgendeiner Skulptur – in der komfortablen Gesellschaft, in der Sie verkehren werden, steht alles immer bis zum Rand voll von Skulpturen und Vasen. Reiben Sie sich, verkrampfen Sie sich, blitzen Sie mit den Augen und sagen: »Ich habe verstanden, Eeelende, Sie spielen mit mir, indes...« und begeben sich wieder zum Tanz, als ob Sie sich schrittweise abgekühlt und beruhigt hätten.

STREUREIKIN So?

HARMONIKAJAN Bravo! Gut! Sie haben Talent, Genosse Streureikin! Unter den Bedingungen der bourgeoisen Einkreisung und des Aufbaus des Sozialismus in einem Lande können Sie sich nirgends entfalten. Ist vielleicht unser Mittleres Ziegengäßchen ein für Sie gemäßer Wirkungskreis? Sie brauchen die Weltrevolution, für Sie ist der Zugang nach Europa erforderlich, Sie müssen nur die Poincarés und Chamberlains zerschlagen, und Sie werden sich im Moulin Rouge und im Pantheon an der Schönheit der Körperbewegungen freuen. Behalten Sie das, erstarren Sie so! Ich gehe. Auf diese Trauzeugen muß man Auge um Auge haben, vor der Hochzeit ein Glas als Vorschuß und kein Tautröpfchen mehr, nach der Arbeit meinetwegen aus der Flasche. Au revoir! *Geht, schreit von der Tür:* Binden Sie nicht zwei Schlipse gleichzeitig um, insbesondere keine bunten, und schreiben Sie sich hinter die Ohren: ein gestärktes Hemd trägt man nicht über der Hose!

Streureikin probiert die Neuanschaffungen an.

JUNGER MANN Wanja, laß den Quatsch, wieso kratzt dich das so?

STREUREIKIN Das geht Sie einen Dreck an, verehrter Genosse! Wofür habe ich gekämpft? Ich habe für ein besseres Leben gekämpft. Da habe ich es in der Hand: sowohl eine Frau, als ein Haus, und guten Umgang. Ich kann meine Pflicht im Ernstfall immer erfüllen. Wer gekämpft hat, hat das Recht, sich am stillen Bach auszuruhen. Ja! Vielleicht erhöhe ich die gesamte Klasse mit meinem Wohlstand. Ja!

SCHLOSSER Ein Kämpfer! Feldherr wie Suworow! Genau!

Ging ich oben,
ging ich unten
schlug zum Sozialismus Brücken;
war nichts fertig,
war ich müde
und ich schmiß mich auf den Rücken.

Gräschen wuchsen an der Brücke.
Über die spaziern die Schäfchen.
Und wir wollen
weiter nichts, ach
als am Brückchen jetzt ein Schläfchen.

So, was?

STREUREIKIN Blödsinn! Geh weg mit deinen groben Agitkas. So! *Setzt sich aufs Bett, singt zur Gitarre:*

In der Lunatscharskistraße
ruft ein altes Haus nach mir:
mit so wunderbreiter Treppe
und mit eleganter Tür.

Ein Schuß. Man stürzt zur Tür.

JUNGER MANN *aus der Tür:* Soja Birkina hat sich erschossen!

Alle stürzen zur Tür. Ach, und jetzt werden sie sie in der Zelle aufbahren!

STIMMEN Schnell…

Schnell…

Schnelle Hilfe…

Schnelle Hilfe…

STIMME Schnelle Hilfe! Dringend! Was? Erschossen! Brustdurchschuß. Mittlere Ziegengasse 16.

Streureikin, allein, rafft seine Sachen zusammen.

SCHLOSSER Wegen dir behaartem Schwein hat sich so ein Weib umgebracht! Raus! *Packt Streureikin am Jackett, schleudert ihn aus der Tür und wirft die Sachen hinterher.*

PUTZMANN *kommt mit einem Arzt gerannt, fängt und richtet Streureikin auf, gibt ihm den heruntergefallenen Hut:* Mit einem Knall, junger Mann, hast du dich von der Klasse losgerissen.

STREUREIKIN *dreht sich weg, brüllt:* Kutscher! Lunatscharskistraße 17! Mit Gepäck!

3

Großer Friseursalon. An den Seiten Spiegel. Vor den Spiegeln Riesenpapierblumen. Auf den Rasierkonsolen Flaschen. Links auf der Vorbühne ein Klavier mit aufgerissenem Maul, rechts ein Ofen, von dem sich durch den ganzen Raum Ofenrohre winden. In der Mitte des Salons runder Hochzeitstisch. Am Tisch: Roy Geigin, Elsevira Renaissance, je zwei Trauzeugen und Trauzeuginnen, Mütterchen und Väterchen Renaissance. Buchhalter als Brautvater, ebensolche Brautmutter. Oleg Harmonikajan präsidiert am Kopf des Tisches, mit dem Rücken zum Zuschauerraum.

ELSEVIRA Fangen wir an, Geigchen?

GEIGIN Abwarten.

Pause.

ELSEVIRA Geigchen, fangen wir an?

GEIGIN Abwarten. Ich wünsche in organisiertem Zustand zu heiraten und in Anwesenheit der Ehrengäste sowie besonders in Anwesenheit der Person des Gewerkschaftssekretärs, des verehrten Genossen Lasallewitsch.[8] So!

GAST *eilig herein:* Verehrte Brautleute, entschuldigen Sie großherzig die Verspätung, aber ich bin bevollmächtigt, Ihnen die Hochzeitsglückwünsche unseres verehrten Führers, des Genossen Lasallewitsch, zu überbringen. Morgen, sagt er, meinetwegen in die Kirche, aber heute, sagte er, kann ich nicht. Heute, sagt er, ist Tag des Parteilebens, und ob du willst oder nicht, sagt er, in der Grundorganisation mußt du dich sehen lassen. Gehen wir, sozusagen, zur Tagesordnung über.

STREUREIKIN Ich erkläre die Hochzeit für eröffnet.

ROSALIA PAWLOWNA Genossen und Messieurs, speisen Sie, bitte. Wo finden Sie jetzt solche Schweine? Diesen Schinken habe ich vor drei Jahren für den Fall eines Krieges entweder mit Griechenland oder mit Polen gekauft. Na – den Krieg haben wir noch nicht, aber der Schinken verdirbt schon. Speisen Sie, Messieurs.

ALLE *erheben Becher und Gläser:* Bitter! Bitter...!

Elsevira und Roy küssen sich.

Bitter! Bi-i-i-tter!

Elsevira hängt auf Roy. Roy küßt gemessen mit dem Gefühl der Klassenwürde.

BUCHHALTER – BRAUTVATER Beethoofen...! Schakespeahre![9] Wir bitten was darzubieten. Nicht umsonst feiern wir täglich ihre Jubiläen.

Man zieht das Klavier herein.

STIMMEN Unter den Arm, unter den Arm klemmen! Solche Ohren und Zähne! Zähne! Da mal reindreschen!

STREUREIKIN Latscht meinem Klavier nicht die Füße ab.

HARMONIKAJAN *steht auf, schwankt, sein Glas schwappt über:* Ich bin glücklich, ich bin glücklich im gegebenen kampferfüllten Zeitabschnitt den eleganten Abschluß des Weges des Genossen Geigin zu sehen. Zwar verlor er auf diesem Weg ein privates Parteibuch, aber dafür hat er sich viele Blätter Staatsobligationen angeschafft. Uns ist gelungen, die betreffenden Klassen- und sonstigen Widersprüche zu koordinieren und unter einen Hut zu bringen, worin der mit marxistischem Blick Gerüstete nichts anderes erblicken kann als gleichsam wie in einem Wassertropfen das künftige Glück der Menschheit, das im einfachen Volk Sozialismus heißt.

ALLE Bitter! Bitter!

Elsevira und Geigin küssen sich.

HARMONIKAJAN Mit was für kapitalen Schriften gehen wir vorwärts auf dem Weg unseres Familienaufbaus! Konnten wir etwa, als wir vor Perekop starben, und viele sind dabei gestorben, konnten wir etwa voraussehen, daß diese Rosen bereits im gegebenen Zeitabschnitt blühen und duften werden? Konnten wir, als wir unter dem Joch der Selbstherrschaft stöhnten, konnten etwa unsere großen Lehrer

Marx und Engels voraussehend träumen oder auch nur träumend voraussehen, daß wir mit Hymens Band die unbekannte, doch große ARBEIT mit dem geschlagenen, doch bezaubernden KAPITAL verbinden werden?

ALLE Bitter...! Bitter...!

HARMONIKAJAN Verehrte Bürger! Schönheit – das ist der Motor des Fortschritts. Was wäre ich in der Eigenschaft eines einfachen Werktätigen? Ein Iwanytsch – und weiter nichts! Und was könnte ich in der Eigenschaft eines Iwanytsch?[10] Muh sagen! Und weiter nichts! Aber in der Eigenschaft eines Harmonikajan – was man will! Zum Beispiel:

Olég Harmonikaján
bestrahlt Schnaps die Lebensbahn.

Und so bin ich jetzt Oleg Harmonikajan, und ich genieße als gleichberechtigtes Mitglied der Gesellschaft alle Wohltaten der Kultur und kann Undruckbares[11] ausdrücken – das heißt Undruckbares ausdrücken kann ich nicht, aber ich kann reden, und sei es wie die alten Griechen: »Elsevira Geigina, reich zum Schnaps den Fisch uns dar!« Und mir kann das ganze Land antworten, wie irgendwelche Troubadoure:

»Für die Spülung unsrer Kehlen
und zwecks Eleganz und Wonne
darf ein Heringsschwanz nicht fehlen
daß Olég zu Wodka komme.«

ALLE Bravo! Hurra! Bitter!

HARMONIKAJAN Schönheit – das ist die Mutter...

TRAUZEUGE *finster und aufspringend:* Mutter! Wer hat »Mutter« gesagt? Ich bitte vor den Brautleuten nichts Undruckbares!

Man zerrt den Trauzeugen weg.

ALLE Beethoofen! Schaljapin![12]

Man zerrt Harmonikajan zum Klavier.

HARMONIKAJAN Zum Standesamt fuhr eine Trambahn
eine rote Hochzeit war da –

ALLE *singen mit:*
dem Bräutigam ragt das Gewerkschafts-
buch rot aus dem Overall.

BUCHHALTER Kapiert! Alles kapiert! Das heißt:
Prost, Olég Harmonikjänchen
du gelocktes Hammelmännchen!

FRISEUR *macht sich mit einer Gabel an die Brautmutter:* Nein, Madam, echte Locken gibt es jetzt, nach der Revolution, nicht mehr. Ein Lockenaufsatz wird so gemacht: Man nimmt die Ondulierzange *dreht die Gabel* erhitzt sie auf schwachem Feuer à la Vorschrift *bewegt die Gabel in der Flamme des Ofens* und schlägt auf dem Maximum so ein Haarsoufflé.

BRAUTMUTTER Sie beleidigen meine Würde als Mutter und als Jungfrau... Lassen Sie mich... Alte Sau!

TRAUZEUGE Wer hat gesagt »alte Sau«? Ich bitte nichts Undruckbares vor den Brautleuten!

Der Buchhalter bringt sie auseinander, versucht, vor sich hinsingend, den Kassenhebel zu betätigen, an dem er wie an einem Leierkasten dreht.

ELSEVIRA *zu Harmonikajan:* Ach! Spielen Sie, ach! Den Walzer »Makarows Sehnsucht nach der kalten Vera«. Ach, das ist so charmant, ach, das ist einfach ein Repertoire...[13]

TRAUZEUGE *mit einer Gitarre bewaffnet:* Wer hat gesagt »Pissoir«? Ich bitte vor den Brautleuten –

Harmonikajan trennt sie, wirft sich in die Tasten. Trauzeuge blickt scharf hin; drohend: Was spielst du bloß auf den schwarzen Tasten? Für das Proletariat auf der Hälfte, und für die Bourgeoisie auf allen?

HARMONIKAJAN Aber, aber, Bürger. Ich bemühe mich insbesondere auf den weißen.

TRAUZEUGE Also kommt wieder raus, daß die weißen besser sind? Spiel auf allen!

HARMONIKAJAN Ich spiele ja auf allen!

TRAUZEUGE Das heißt, zusammen mit den weißen, Kompromißler?

HARMONIKAJAN Genosse... Das ist doch C-Dur.

TRAUZEUGE Wer hat gesagt »Hure«? Vor den Brautleuten. Da!!! *Donnert die Gitarre auf Harmonikajans Schädel. Friseur wickelt die Haare der Brautmutter auf die Gabel. Streureikin schiebt den Buchhalter von seiner Frau weg.*

STREUREIKIN Wieso stecken Sie meiner Frau einen Hering in die Brust? Das ist schließlich kein Beet, sondern eine Brust, und das ist schließlich keine Chrysantheme, sondern ein Hering!

BUCHHALTER Und haben Sie uns mit Lachs bewirtet? Haben Sie uns bewirtet? Ja? Und selber schreien Sie rum, ja? *Während der Prügelei fällt eine Gasflasche auf den Ofen, der Ofen fällt um. Stichflamme, Rauch.*

Schreie: Wir brennen!!! Wer hat gesagt »brennen«?
Feuer! Lachs...
Vom Standesamt fuhr eine Trambahn...

4

In der vollkommen schwarzen Nacht blitzt von einer nahen Flamme dann und wann der Helm eines Feuerwehrmannes auf. Natschalnik allein. Es kommen und gehen rapportierende Feuerwehrleute.

1. FEUERWEHRMANN Nicht zu schaffen, Genosse Natschalnik! Erst nach zwei Stunden hat man uns alarmiert... Besoffene Hundesöhne!! Das brennt wie ein Pulvermagazin. *Ab.*

NATSCHALNIK Warum soll es nicht brennen? Spinnweben und Spiritus.

2. FEUERWEHRMANN Es geht aus, das Wasser gefriert an der Spritze. Der Keller ist vollgelaufen, glatter als eine Eisbahn. *Ab.*

NATSCHALNIK Personen gefunden?

3. FEUERWEHRMANN Einen haben wir aufgeladen, der ganze Schädel ist zu Mus. Wahrscheinlich von einem Balken zerquetscht. Direkt ins Leichenschauhaus. *Ab.*

4. FEUERWEHRMANN Aufgeladen ein verkohlter Körper nicht feststellbaren Geschlechts mit Gabel im Kopf.

1. FEUERWEHRMANN Unter dem Ofen aufgefunden ehemalige Frau mit Drahtkränzchen um die Schädelknochen.

3. FEUERWEHRMANN Aufgefunden Unbekannter von Vorkriegskörperbau mit einer Kasse in Händen, offensichtlich zu Lebzeiten ein Bandit.

2. FEUERWEHRMANN Keine Überlebenden. Unter den Leichen eine fehlend, so daß ich infolge Unauffindbarkeit annehme, zu kleinen Stücken eingeäschert.

1. FEUERWEHRMANN Und die Illumination! Direkt wie Theater, bloß daß alle handelnden Personen verbrannt sind.

3. FEUERWEHRMANN

Von der Hochzeit, ach, fuhr sie ein Wagen
ein Wagen vom Roten Kreuz...

Hornist ruft die Feuerwehrleute zusammen. Formieren sich, marschieren ausrufend durch das Theater.

FEUERWEHRLEUTE

Genossen und Bürger,
Wodka ist Gift!
Besoffene
versengen
die Republik!
Mit Kaminen
und Spirituskochern
brennt ihr das Haus ab
und brennt selber noch an!
Zufälliger
Schlaf
ist oft Brandgrund gewesen –
im Bett
nie
Becher und Preißler[14] lesen!

5

Großer, bis zur Decke amphitheatralisch ansteigender Sitzungssaal. Anstelle menschlicher Stimmen Radiotrichter, daneben etliche herabhängende Hände in der Art von Autowinkern. Über jedem Trichter farbige elektrische Lämpchen, direkt unter der Decke Bildschirm. In der Mitte Rednerpult mit Mikrofon. Zu dessen Seiten Verteiler und Regler für Ton und Beleuchtung. Zwei Mechaniker – Alter und Junger – hantieren im dunklen Auditorium.

ALTER *wedelt mit einem Federmop Staub von den Trichtern:* Heute ist eine wichtige Abstimmung. Schmier den Stimmapparat der landwirtschaftlichen Bezirke mit Öl und prüf ihn dann durch. Voriges Mal war da eine Stockung. Sie haben gequietscht beim Abstimmen.

JUNGER Die Landbezirke? In Ordnung! Die zentralen öle ich auch. Den Smolensker Apparaten poliere ich die Kehle mit Wildleder. Letzte Woche waren sie wieder heiser. Bei den hauptstädtischen Dienststellen muß man die Schrauben anziehen, sonst gibt es Unregelmäßigkeiten: die rechte Hand krallt sich an der linken fest.

ALTER Die Uralwerke habe ich durch. Wir schließen die Kursker Metallurgie an, dort haben sie einen neuen Apparat für zweiundsechzigtausend Stimmen vom Saporosher Kraftwerk aufgestellt. Die sind in Ordnung, leichte Arbeit.

JUNGER Erinnerst du dich, wie das früher war? Bestimmt zum Lachen.

ALTER Mich hat einmal die Mutter auf dem Arm zur Versammlung geschleppt. Ganz wenig Leute – an tausend Stück waren zusammengelaufen, sitzen da wie die Kostgänger und lauschen. Irgendeine wichtige und laute Frage, sie ging einstimmig durch. Meine Mutter war dagegen, aber abstimmen konnte sie nicht, weil sie mich auf dem Arm hatte.

JUNGER Na klar! Primitive Handarbeit!

ALTER Früher wäre so ein Apparat auch nichts gewesen. Es kam vor, daß jemand die erste Hand heben mußte, damit er bemerkt wird, also schwenkt er sie dem Vorsitzenden vor der Nase, kommt mit beiden bis zum Nasenloch und bedauert bloß, daß er nicht die alte Göttin Isis ist, sonst würde er mit zwölf Händen abstimmen. Aber manche haben sich gerettet. Einer soll irgendeine wichtige Diskussion auf dem Abort abgesessen haben – er wußte nicht, wie er stimmen sollte. Der saß und dachte nach, das heißt, er hat seine Diensthaut geschont.

JUNGER Und? Hat es geklappt?

ALTER Geklappt. Er wurde bloß in eine andere Abteilung versetzt. Wegen seiner Liebe zu Aborten haben sie ihn zum Staatssekretär für Seifen und Handtücher gemacht. Fertig?

JUNGER Fertig!

Laufen hinunter zu den Schalttafeln und Leitungen. Mann mit Brille und Bärtchen stößt die Tür weit auf, geht schnell zum Rednerpult, hebt, den Rücken zum Auditorium, die Arme.

SPRECHER Alle Bezirke der Föderation gleichzeitig anschließen!

ALTER UND JUNGER Angeschlossen.

Die roten, grünen und blauen Lämpchen im Auditorium leuchten gleichzeitig auf.

SPRECHER Hallo! Hallo! Hier spricht der Vorsitzende des Instituts für Human-Wiederbelebung. Die Frage ist durch Telegramme bekanntgemacht, erörtert, einfach und klar. An der Kreuzung 62. Straße/17. Allee im früheren Tambów ist eine Ausschachtungsbrigade in sieben Meter Tiefe auf einen vereisten Keller gestoßen. Durch das Eis ist eine menschliche Gestalt sichtbar. Das Institut hält die Wiederbelebung des vor fünfzig Jahren eingefrorenen Individuums für möglich.

Es sind Meinungsverschiedenheiten zu klären.

Das Institut hält dafür, daß jedes Arbeiterleben bis zur letzten Sekunde genutzt werden muß.
Die Durchleuchtung weist an den Händen des Individuums Schwielen auf, die vor fünfzig Jahren Kennzeichen eines Werktätigen waren. Wir erinnern daran, daß nach den Welt- und Bürgerkriegen, die zur Gründung der planetaren Föderation führten, durch Dekret vom 7. November 1965 menschliches Leben unantastbar ist. – Ich bringe Ihnen den Einspruch der epidemologischen Sektion zur Kenntnis, die die Verbreitung von Bakterien befürchtet, von denen die früheren Bewohner des früheren Rußland infiziert waren. Im vollen Bewußtsein der Verantwortung stehe ich zu meiner Ansicht. Genossen, erinnern Sie, erinnern Sie und erinnern Sie nochmals:
Wir
stimmen ab
über menschliches Leben!
Die Lämpchen verlöschen, durchdringender Klingelton. Auf dem Bildschirm erscheint ein Resolutionstext, den der Sprecher wiederholt:
»Im Namen der Erkundung der produktiven Fähigkeiten der arbeitenden Menschheit, zwecks anschaulicher vergleichender Erforschung der Sitten und Gewohnheiten verlangen wir die Wiederbelebung.«
Stimmen der Hälfte der Trichter: »Richtig, annehmen!«; ein Teil der Stimmen: »Nieder!« Die Stimmen verstummen. Der Bildschirm verlischt. Zweites Klingelzeichen, ein neuer Resolutionstext leuchtet auf. Sprecher wiederholt:
»Entschließung der Hygiene-Kontrollpunkte der chemischen und metallurgischen Werke im Donbaß. Zwecks Ausschaltung der drohenden Verbreitung von Bakterien der Speichelleckerei und des administrativen Hochmuts, wie sie für das Jahr 1929 charakteristisch waren, verlangen wir, das Exponat im gefrorenen Zustand zu belassen.«
Stimmen der Trichter: »Nieder!« Einzelne Rufe: »Richtig!«
SPRECHER Gibt es sonst Resolutionen oder Zusätze?

Ein dritter Bildschirm leuchtet auf. Sprecher wiederholt: »Die sibirischen Agrarbezirke bitten, erst im Herbst nach Abschluß der Feldarbeiten wiederzubeleben, zwecks Erleichterung der Teilnahme breiter Massen von Schaulustigen.«
Überwiegende Mehrheit der Trichter-Stimmen: »Nieder! Ablehnen!« Die Lämpchen leuchten auf.

SPRECHER Ich stelle zur Abstimmung: wer für die erste Entschließung ist, bitte das Handzeichen! *Die überwiegende Mehrheit der eisernen Hände geht hoch.* Danke! Wer ist für den sibirischen Zusatz? *Zwei einzelne Hände heben sich.* Die Versammlung der Föderation hat beschlossen: Wieder-be-leben! *Gebrüll sämtlicher Trichter: »Hurra!« Stille.* Die Sitzung ist geschlossen.
Aus zwei sich weit öffnenden Türen stürzen Reporter. Sprecher drängt sich durch, brüllt freudig nach allen Seiten: Wiederbeleben! Wiederbeleben!! Wiederbeleben!!!
Die Reporter zerren Mikrofone aus den Taschen, rufen im Gehen:

1\. REPORTER Hallo! 472-einhalb-Meter-Welle... Tschuktschen-Iswestija... Wiederbeleben!

2\. REPORTER Hallo. Hallo!!! Welle 376 Meter... Witebsker Abend-Wahrheit... Wiederbeleben!

3\. REPORTER Hallo! Hallo! Hallo! 211-Meter-Band... Warschauer Komsomolskaja Prawda... Wiederbeleben!

4\. REPORTER Radio Jerewan...[15] Hallo! Hallo!

5\. REPORTER Hallo! Hallo! Hallo! Welle 44 Meter... Chikagoer Sowjet-Nachrichten... Wiederbeleben!

6\. REPORTER Hallo! Hallo! Hallo! 115-Meter-Band... Römischer Roter Osservatore... Wiederbeleben!

7\. REPORTER Hallo! Hallo! Hallo! 78-Meter-Welle... Shanghaier Elend... Wiederbeleben!

8\. REPORTER Hallo! Hallo! Hallo! 220 Meter... Madrider Saisonarbeiter... Wiederbeleben!

9\. REPORTER Hallo! Hallo! Hallo! 11-Meter-Welle... Türkischer Pionier...[16] Wiederbeleben!

Zeitungsleute stürzen mit fertigen Druckfahnen herein.

1. ZEITUNGSMANN
Auftauen oder nicht,
eisweiß oder rosa?
Leitartikel
in Versen und Prosa!

2. ZEITUNGSMANN
Welt-Umfrage,
die noch nie da war:
Ist Speichelleckerei
übertragbar?

3. ZEITUNGSMANN
Bericht
über Gitarren und Süßholzpoeten
sowie weitere
Mittel
der Massenverblödung!

4. ZEITUNGSMANN
Neueste Nachrichten! Interview! Interview!

5. ZEITUNGSMANN
Der Wissenschaftsbote!
Nicht erschrecken bei Tische:
Mit Katalog
sämtlicher ausgestorbenen Flüche!

6. ZEITUNGSMANN Letzte Funknachrichten!

7. ZEITUNGSMANN
Neudruck
historischer theoretischer Reden:
Kann eine Zigarette
einen Elefanten töten?

8. ZEITUNGSMANN
Zum Brüllen
traurig,
für jeden zum Kichern:
Erklärung des Wortes
»Alkoholiker«!

6

Flügeltür aus Milchglas, durch die Wände schimmern metallische Teile medizinischer Instrumente. Vor der Wand alter Professor mit älterer Assistentin, bei der die charakteristischen Züge Soja Birkinas sich noch erhalten haben. Beide im weißen Arztkittel.

SOJA BIRKINA Genosse! Genosse Professor, ich bitte Sie, machen Sie dieses Experiment nicht. Genosse Professor, das wird wieder Krawall geben...

PROFESSOR Genossin Birkina, Sie fangen an in Erinnerungen zu leben und in unverständlicher Sprache zu reden. Ein ganzes Lexikon ausgestorbener Wörter. Was ist das, »Krawall«? *Sucht im Wörterbuch.* Krawall... Krawall... Krawall... Karneval, Kaffee, Karrierismus, Krawattenzwang, Kawerin... Krawall[17] – Betätigungsart, die jede Art von Betätigung störte.

SOJA BIRKINA Diese Betätigungsart hat mich vor fünfzig Jahren beinahe umgebracht. Ich bin sogar bis zu einem – Selbstmordversuch gegangen.

PROFESSOR Selbstmord? Was ist »Selbstmord«? *Sucht im Wörterbuch.* Selbstbetrug, Selbstbeweihräucherung, Selbstherrschaft, Selbstverbrennung... Ich habe »Selbstmord«. *Erstaunt:* Sie haben auf sich geschossen? Ein Urteil? Gericht? Revolutionstribunal?

SOJA BIRKINA Nein... Von selbst.

PROFESSOR Von selbst? Aus Versehen?

SOJA BIRKINA Nein... Aus Liebe.

PROFESSOR Quatsch... Aus Liebe muß man Brücken bauen und Kinder kriegen... Und Sie... Ja ja ja!

SOJA BIRKINA Lassen Sie mich gehen. Ehrlich, ich kann nicht.

PROFESSOR Und das ist – wie sagten Sie? – Krawall. Ja ja ja! Krawall! Die Gesellschaft ersucht Sie, alle verfügbaren Gefühle für die maximale Leichtigkeit der Überwindung von fünfzig anabiotischen Jahren durch das eingefrostete Individuum aufzubieten. Ja ja ja! Ihre Anwesenheit ist sehr, sehr wichtig. Ich freue mich, daß Sie gefunden wurden und gekommen sind. Er – das ist ER! Und Sie – das ist SIE! Sagen Sie, hatte er zarte Wimpern? Für den Fall einer Panne beim schnellen Auftauen.

SOJA BIRKINA Genosse Professor, wie kann ich mich an Wimpern von vor fünfzig Jahren erinnern...

PROFESSOR Wie? Vor fünfzig Jahren? Das ist gestern! Und wie erinnere ich mich an die Haarfarbe am Schwanz eines Mastodon vor einer halben Million Jahren? Ja ja ja! Und erinnern Sie sich – hat er beim Einatmen in angeregter Gesellschaft die Nasenflügel gebläht?

SOJA BIRKINA Genosse Professor, wie soll ich mich erinnern? Schon dreißig Jahre bläht niemand mehr die Nasenflügel in dergleichen Fällen.

PROFESSOR Eben! Eben! Eben! Und sind Sie informiert bezüglich des Volumens von Magen und Leber, für den Fall der Ausscheidung des möglichen Inhalts an Wodka und Spiritus, die bei der notwendigen hohen Spannung zur Selbstentzündung fähig sind?

SOJA BIRKINA Woher soll ich das erinnern, Genosse Professor! Ich erinnere mich, da war irgendein Bauch...

PROFESSOR Ach, Sie erinnern überhaupt nichts, Genossin Birkina! War er wenigstens heftig?

SOJA BIRKINA Ich weiß nicht... Möglich, nur – nicht mit mir.

PROFESSOR So! So! So! Ich befürchte, daß wir ihn auftauen, aber Sie sind inzwischen eingefroren. Ja ja ja! Also, fangen wir an.

Drückt auf einen Knopf, die gläserne Wand geht leise auseinander. In der Mitte, auf einem Operationstisch, ein blitzender verzinkter Kasten von Menschengröße. Am Kasten Hähne, unter den Hähnen Eimer. Zum Kasten führen elektrische Leitungen, Sauerstoffflaschen. Um den Kasten sechs Ärzte, in Weiß und ruhig. Vor dem Kasten auf der Vorbühne sechs Springbrunnen-Waschbecken. Auf einer unsichtbaren Schnur, als ob sie in der Luft hingen, sechs Handtücher.

PROFESSOR *geht von einem Arzt zum anderen; zum Ersten:* Auf mein Zeichen Strom einschalten.

Zum Zweiten: Erhöhen Sie die Temperatur bis sechsunddreißig vier, alle fünfzehn Sekunden ein zehntel Grad.

Zum Dritten: Sind die Sauerstoffkissen bereit?

Zum Vierten: Wasser allmählich ablassen, das Eis durch Luftdruck ersetzen.

Zum Fünften: Den Deckel mit einem Ruck öffnen.

Zum Sechsten: Sie beobachten im Spiegel die Stadien der Wiederbelebung.

Die Ärzte neigen die Köpfe zum Zeichen, daß alles klar ist, und begeben sich auf ihre Plätze.

Fangen wir an!

Der Strom wird eingeschaltet, die Temperatur beobachtet. Wasser tropft. An der kleinen rechten, mit einem Spiegel versehenen Wand der sich mit Blicken festsaugende 6. Arzt.

6. ARZT Natürliche Färbung sichtbar.

Pause.

Eisfrei.

Pause.

Brust vibriert!

Pause.

Erschrocken: Professor, beobachten Sie die unnatürliche Ruckartigkeit.

PROFESSOR *geht hin, wirft einen Blick in den Spiegel; beruhigend:* Normale Bewegungen, er kratzt sich – offenbar beleben sich die einem derartigen Individuum eigenen Parasiten.

6. ARZT Professor, etwas Unverständliches, das durch Bewegen der linken Hand vom Körper entfernt wird.

PROFESSOR *sieht nach:* Er ist mit Musik verwachsen, man nannte das damals »empfindsame Seele«. Im Altertum lebten Stradivarius und ein der Sprache nicht mächtiger Volksstamm namens Schlagersänger.[18] Stradivarius baute

Geigen, und das da haben die Schlagersänger gemacht, es hieß Gitarre. *Beobachtet das Thermometer und den Apparat zum Ablesen des Blutdrucks.*

1. ARZT Sechsunddreißig eins.

2. ARZT Puls achtundsechzig.

6. ARZT Atmung ausgeglichen.

PROFESSOR An die Plätze!

Die Ärzte entfernen sich vom Kasten. Der Deckel fliegt weg, aus dem Kasten erhebt sich der zerzauste und erstaunte Streureikin, blickt um sich, preßt die Gitarre an sich.

STREUREIKIN Na, da habe ich ausgeschlafen! Entschuldigt, Genossen, selbstverständlich war ich betrunken. Welche Milizabteilung ist das hier?

PROFESSOR Nein, das ist eine ganz andere Abteilung. Das ist die Ab-Teilung von Eis und Oberhaut, die Sie erfroren hatten.

STREUREIKIN Was? Da ist Ihnen irgendwas abgefroren. Das werden wir noch sehen, wer von uns hier besoffen war. Sie als Ärzte vom Fach schleichen selber dauernd um den Sprit rum. Aber ich als Persönlichkeit kann mich jederzeit ausweisen. Die Dokumente habe ich bei mir. *Springt aus dem Kasten, kehrt seine Taschen um:* 17 Rubel. 60 Kopeken. Internationale Gesellschaft Revolutionärer Kämpfer? Alles bezahlt. Gesellschaft für gegenseitige Hilfe und chemoluftfahrttechnischen Aufbau? Bezahlt. »Nieder mit dem Analphabetentum«? Bitte. Was ist das? Ein Trauschein! *Pfeift.* Aber ich habe ja gestern geheiratet! »Wo jetzt sind Sie, wer küßt Ihnen das Händchen«? Da werde ich was abkriegen zu Hause! Die Unterschrift der Trauzeugen ist hier. Das Gewerkschaftsbuch auch. *Sein Blick fällt auf den Kalender; reibt sich die Augen, blickt voller Schrecken um sich:* 12. Mai 1979! Wie lange habe ich keine Gewerkschaft bezahlt? Fünfzig Jahre! Sie wollen doch die Marken sehen, die Marken! In der Bezirksverwaltung, im ZK! Mein Gott! Meine Frau!!! Lassen Sie mich durch! *Drückt den Umstehenden die Hände, stürzt zur Tür.*

Hinter ihm her die aufgeregte Birkina. Die Doktoren umstehen den Professor. Die sechs Ärzte und der Professor waschen sich nachdenklich die Hände.

IM CHOR Was hat er mit den Händen gemacht? Angefaßt und gedrückt, gedrückt und angefaßt...

PROFESSOR Im Altertum gab es so eine unhygienische Sitte.
Die sechs Ärzte und der Professor waschen sich nachdenklich die Hände.

STREUREIKIN *stößt mit Soja zusammen:* Was für welche, Bürger, seid ihr eigentlich? Wer bin ich? Wo bin ich? Sind Sie nicht das Mütterchen von Soja Birkina?
Das Heulen einer Autohupe bringt Streureikin durcheinander.
Wohin bin ich verschlagen worden? Wohin hat man mich verschlagen? Was ist das? Moskau? Paris?? New York?! Kutscher!!! *Autohupen.* Keine Menschen, keine Pferde. Autorennen, Autorennen, Autorennen! *Drängt sich gegen die Tür, schabt sich den Rücken, sucht mit den Fingern, dreht sich um, sieht auf der weißen Wand eine vom Kragen kriechende Wanze.* Wanze, Wänzchen, Wänzlein!!! *Hängt die Gitarre um, singt:* O bleib bei mir, und geh nicht fort... *Fängt die Wanze mit der Hand; die Wanze entkommt.* Wir trennten uns, wie Schiffe auf dem Meer... Weggekrochen! Allein! Und keine Antwort mir, und wieder einsam... Allein!!! Kutscher, Autorennen... Lunatscharskistraße 17! Ohne Gepäck!!!
Faßt sich an den Kopf, fällt ohnmächtig in die Arme der aus der Tür rennenden Birkina.*

(* So bei Majakowski; mir ist, vergleiche ich die übrigen Regieanweisungen der Szene, deren Topographie nicht plausibel. *R. K.*)

7

In der Mitte der Bühne das Dreieck einer Grünanlage. In der Grünanlage drei künstliche Bäume. Erster Baum: auf grünen Blattquadraten große Teller, auf den Tellern Mandarinen. Zweiter Baum: Pappteller, auf den Tellern Äpfel. Dritter: grün, mit offenen Parfümflacons als Tannenzapfen. Zu beiden Seiten gläserne und verputzte Häuserwände. An den Rändern des Dreiecks lange Bänke. – Auftritt Reporter, gefolgt von vier Männern und Frauen.

REPORTER Genossen, hierher, hierher! In den Schatten! Ich werde ihnen der Reihe nach all diese finsteren und erstaunlichen Vorgänge erzählen. Erstens ... Geben Sie mir Mandarinen. Das macht die Stadtverwaltung sehr richtig, daß die Bäume heute mandarinieren – gestern gab es bloß Birnen, weder saftig, noch schmackhaft, noch nahrhaft.

Junges Mädchen nimmt einen Teller mit Mandarinen vom Baum, die Dasitzenden schälen, essen und beugen sich neugierig zum Reporter.

1. MANN Na los, Genosse, erzählen Sie alles genau und nach der Reihe.

REPORTER Also ... Was für saftige Scheibchen! Möchten Sie nicht? Gut, gut, ich erzähle. Das fehlt noch, Ungeduld! Natürlich ist mir, als dem Präsidenten der Reportage, alles bekannt. Also, sehen Sie, sehen Sie ...?

Eilig vorbei jemand mit Arzttasche voll Thermometern.

Das war der Tierarzt. Die Seuche greift um sich. Allein gelassen, hat dieses wiederbelebte Säugetier Kontakt mit allen Haustieren des Wolkenkratzers aufgenommen, und jetzt spielen sämtliche Hunde verrückt. Es hat ihnen beigebracht, auf den Hinterpfoten zu stehen. Die Hunde bellen nicht und spielen nicht, sie machen bloß Männchen. Die Tiere drängen sich an alle Gäste, wollen gestreichelt werden und lecken. Die Ärzte sagen, wer von so einem Vieh gebissen wird, zeigt sofort alle Primärsymptome epidemischer Speichelleckerei.

DASITZENDE O-o-o!!!

REPORTER Sehen Sie, sehen Sie!

Vorbei ein Taumelnder, beladen mit Körben voller Bierflaschen.

VORÜBERGEHENDER *singt:*

Ech, im neunzehnten Jahrhundert
lebten sie, daß man sich wundert:
oj, man soff mit blauer Nase
Bier und Wodka in Ekstase!

REPORTER Sehen Sie, das ist natürlich ein Kranker. Einer von den hundertsiebenundsiebzig Arbeitern des Zweiten Medizinischen Labors. Zwecks Erleichterung der Übergangsexistenz haben die Ärzte verordnet, das wiederbelebte Säugetier mit einem Gemisch zu tränken, das in großen Mengen giftig, in kleinen ekelerregend ist, mit sogenanntem Bier. Von den giftigen Dämpfen ist ihnen schwindlig geworden, und sie haben aus Versehen das Erfrischungsgetränk geschluckt. Seitdem mußte schon die dritte Belegschaft ausgewechselt werden. Fünfhundertzwanzig Arbeiter liegen im Krankenhaus, aber die furchtbare Seuche der gelben Pest[19] schäumt, prickelt und haut die Beine weg.

DASITZENDE Ah-ah-ah-ah!!!

MANN *verträumt und schwärmerisch:* Ich brächte mich der Wissenschaft zum Opfer – sollen sie auch mir die rätselhafte Krankheit einimpfen!

REPORTER Fertig! Auch der ist fertig. Ruhe... Nicht die Schlafwandlerin erschrecken.

Vorbei Junges Mädchen, die Füße tanzen im Foxtrott- und Charlestonschritt, sie murmelt Verse aus einem Buch, das sie in zwei Fingern der ausgestreckten Hand hält. Zwischen zwei Fingern der anderen Hand hält sie eine imaginäre Rose, führt sie zur Nase und riecht daran.

Die Ärmste, sie wohnt neben ihm, neben dem verrückten Säugetier, da dringt nachts, wenn die Stadt schläft, zu ihr durch die Wand Gitarrengeschrumm, danach gedehnte herzzerreißende Seufzer und melodische Schluchzer, wie heißt das bei denen? »Romanzen«, wie? Je länger desto mehr, und die Ärmste fängt an, den Verstand zu verlieren. Die gramgebeugten Eltern berufen ein Konsilium. Die Professoren sagen, das sind Anfälle von akuter »Verliebtheit« – so hießt eine uralte Krankheit, als die menschliche sexuelle Energie, die vernünftig über das ganze Leben verteilt ist, plötzlich galoppierend während einer Woche in einem entzündlichen Prozeß kondensierte, was zu sinnlosen und unglaublichen Handlungen führt.

JUNGES MÄDCHEN *bedeckt die Augen mit den Händen:* Ich werde lieber nicht hinsehen, ich fühle, in der Luft sind diese schrecklichen verliebten Mikroben.

REPORTER Fertig, auch die ist fertig... Die Seuche wird ozeanisch... *Vorüber 30 tanzende Girls.* Sehen Sie diesen dreißigköpfigen Sechzigfüßler! Man muß sich bloß vorstellen – dieses Hochschleudern der Beine haben die *auf die Zuschauer* Kunst genannt! *Foxtrottanzendes Paar.* Die Seuche geht bis... bis... bis wohin geht sie? *Sieht ins Wörterbuch.* Bis zum Orgas – mus, also, das ist schon ein zweigeschlechtlicher Vierfüßler.

Eilig herein Zoodirektor mit kleinem gläsernen Etui in den Händen. Ihm nach eine Menge, bewaffnet mit Fernrohren, Fotoapparaten und Feuerwehrleitern.

ZOODIREKTOR *zu allen:* Haben Sie es gesehen? Haben Sie es gesehen? Wo ist es? Ach, Sie haben überhaupt nichts gesehen!! Ein Jagdkollektiv hat gemeldet, daß sie es hier vor einer Viertelstunde gesehen haben: es ist in die vierte Etage übersiedelt. Setzt man seine mittlere Geschwindigkeit mit anderthalb Meter pro Stunde an, kann es nicht weit sein. Genossen, sofort die Wände absuchen!

Die Beobachter ziehen die Fernrohre aus, springen von den Bänken und suchen, die Augen mit der Hand abschirmend. Zoodirektor verteilt die Gruppen und dirigiert die Suchaktion.

STIMMEN Wie willst du es finden...! Einen nackten Menschen auf einer Matratze in jedem Fenster ausstellen, es geht auf Menschen... Brüllen Sie nicht, Sie erschrecken es!!! Wenn ich es finde, ich gebe es niemandem...

Das traust du dich nicht: es ist kommunales Eigentum...

BEGEISTERTE STIMME Da!!! Da ist es! Es kriecht...!

Operngläser und Fernrohre werden auf einen Punkt gerichtet. Schweigen, unterbrochen vom Klicken und Surren der Foto- und Filmapparate.

PROFESSOR *gedämpft flüsternd:* Ja... Da ist es! Hinterhalte und Wachen aufstellen. Feuerwehr, hierher!!!

Leute mit Netzen umzingeln den Platz, Feuerwehrleute fahren eine Leiter aus, Fänger klettern einer nach dem andern hoch.

ZOODIREKTOR *setzt das Fernrohr ab; mit weinerlicher Stimme:* Fort... Fort auf die Nebenwand... SOS! Es stürzt ab, es stürzt sich zu Tode! Wagemutige, Freiwillige, Helden!!! Hierher!!!

Man fährt eine Leiter vor der zweiten Wand aus, klettert hoch. Die Zuschauer halten den Atem an.

BEGEISTERTE STIMMEN VON OBEN Gefangen! Hurra!!!

ZOODIREKTOR Schnell!!! Vorsichtig!!! Nicht loslassen, dem Tier nicht die Füßchen quetschen...

Auf der Leiter wird das Tier von Hand zu Hand gereicht, gelangt schließlich in die Hände des Zoodirektors. Zoodirektor versieht das Tier im Etui und erhebt das Etui über den Kopf.

Dank euch, unscheinbare Arbeiter der Wissenschaft! Unser zoologischer Garten ist beglückt, er ist zu einem Glanzstück geworden... Wir haben das höchst seltene Exemplar eines ausgestorbenen und zu Beginn des Jahrhunderts äußerst populären Insekts gefangen. Unsere Stadt kann stolz sein – zu uns werden Gelehrte und Touristen strömen... Hier, in meinen Händen, ist der einzige lebende WANZUS NORMALIS.[20] Treten Sie zur Seite, Bürger: das Tier ist eingeschlafen, das Tier hat die Füßchen gefaltet, das Tier will ausruhen! Ich lade Sie alle ein zur feierlichen Eröffnung im Zoo. Der hochwichtige, der höchst aufregende Akt der Suche ist abgeschlossen!

8

Glatte opalfarbene, halbdurchsichtige Wände eines Zimmers. Von oben ein gleichmäßiger Streifen bläulichen Lichts. Links ein großes Fenster. Vor dem Fenster ein Reißbrett. Radio. Bildschirm. Drei oder vier Bücher. Rechts ein aus der Wand geklapptes Bett, auf dem Bett, unter einer strahlend sauberen Decke, der verdreckte Streureikin. Ventilatoren. Die Ecke um Streureikin verdreckt. Auf dem Tisch Kippen, umgefallene Flaschen. An der Lampe ein Stück rosa Papier. Streureikin stöhnt. Arzt läuft nervös durchs Zimmer.

PROFESSOR *herein:* Wie geht es dem Kranken?

ARZT Dem Kranken weiß ich nicht, aber mir ekelhaft. Wenn Sie nicht alle halbe Stunde ablösen lassen, wird er alles anstecken. Sobald er ausatmet, knicken mir die Beine weg! Ich habe schon sieben Ventilatoren aufgestellt: gegen die Atemdünste.

STREUREIKIN O-o-oh! *Professor stürzt zu Streureikin.* Professor, o Professor!!! *Professor zieht Luft durch die Nase ein, taumelt in einem Anfall von Schwindel, faßt mit den Händen in die Luft.* Was gegen den Kater... *Professor gießt Bier in ein Glas, daß der Boden bedeckt ist, gibt es ihm.*

STREUREIKIN *richtet sich auf die Ellbogen auf; vorwurfsvoll:* Erst wiederbeleben und dann sich lustig machen! Was soll das – das ist wie Limonade für einen Elefanten!

PROFESSOR Die Gesellschaft hofft, dich auf eine menschliche Stufe zu entwickeln.

STREUREIKIN Zum Teufel mit Ihnen und Ihrer Gesellschaft! Ich habe Sie nicht gebeten, mich wiederzubeleben. Frieren Sie mich wieder ein! Ja!!!

PROFESSOR Ich verstehe nicht, wovon du redest! Unser Leben gehört dem Kollektiv, und weder ich, noch jemand anderes darf dieses Leben...

STREUREIKIN Und was ist das für ein Leben, wenn man nicht

mal das Foto des geliebten Mädchens an die Wand zwecken darf? Alle Zwecken gehen an dem verfluchten Glas kaputt... Genosse Professor, geben Sie was gegen den Kater.

PROFESSOR *füllt das Glas:* Nur atmen Sie nicht in meine Richtung.

Herein Soja Birkina mit zwei Bücherstößen. Die Ärzte besprechen sich flüsternd mit ihr, gehen ab.

SOJA BIRKINA *setzt sich neben Streureikin, wickelt Bücher aus:* Ich weiß nicht, ob du das brauchen kannst. Wovon du gesprochen hast, das gibt es nicht, und kein Mensch weiß was darüber. Über Rosen ist nur was in Lehrbüchern für Gartenbau, über Träume nur in der Medizin, in der Abteilung Schlaferscheinungen. Da sind zwei hochinteressante Bücher, ungefähr aus der Zeit. Eins aus dem Englischen: Hoover, »Als ich Präsident war«.

STREUREIKIN *nimmt das Buch, wirft es weg:* Nein, das ist nichts fürs Herz, es muß sein, daß der Atem stockt...

SOJA BIRKINA Das zweite – ein gewisser Mussolini, »Briefe aus der Verbannung«.

STREUREIKIN *nimmt, schleudert es weg:* Nein, das ist nichts für die Seele. Gehen Sie weg mit Ihren groben Agitkas. Es muß kribbeln...

SOJA BIRKINA Ich weiß nicht, was ist das? Stockt, kribbeln, kribbeln, stockt...

STREUREIKIN Was das ist? Wozu haben wir uns abgemüht, Blut vergossen, wenn ich, der Hegemon, in meiner Gesellschaft die neuerlernten Tänze nicht tanzen darf?

SOJA BIRKINA Ich habe Ihre Körpergebärden sogar dem Direktor des Zentralinstituts für Bewegungen demonstriert. Er sagt, er hat so was in alten Pariser Postkartensammlungen gesehen, aber jetzt, sagt er, kann man danach nicht mal wen fragen. Es gibt ein paar Alte – sie erinnern sich, aber vorführen können sie es nicht aus rheumatischen Gründen.

STREUREIKIN Und wozu habe ich mir eine traditionelle

vornehme Bildung erarbeitet? Arbeiten konnte ich auch vor der Revolution.

SOJA BIRKINA Ich nehme dich morgen mit zum Tanz der zehntausend Arbeiter und Arbeiterinnen. Das wird eine heitere Probe des neuen Systems der Feldarbeiten.

STREUREIKIN Genossen, ich protestiere!!! Ich bin nicht aufgetaut, damit man mich jetzt vertrocknen läßt. *Reißt die Decke weg, springt aus dem Bett, greift sich den verschnürten Bücherstoß und wickelt ihn aus dem Papier. Will das Papier zerfetzen, betrachtet plötzlich aufmerksam die Buchstaben, läuft von einer Lampe zur andern.* Woher? Woher haben Sie das?

SOJA BIRKINA In den Straßen haben sie es jedem gegeben... Bestimmt haben sie es in der Bibliothek in die Bücher gelegt.

STREUREIKIN Gerettet!!! Hurra!!! *Stürzt zur Tür, schwenkt das Stück Papier wie eine Fahne.*

SOJA BIRKINA *allein:* Ich habe fünfzig Jahre vorausgelebt, und vor fünfzig Jahren hätte ich sterben können wegen so einem Dreck.

9

Zoologischer Garten. In der Mitte auf einem Sockel ein Käfig, mit Stoff und Fahnen zugehängt. Hinter dem Käfig zwei Bäume. Hinter den Bäumen Elefanten- und Giraffenkäfig. Links vom Käfig eine Tribüne, rechts ein Aufbau für die Ehrengäste. Darum herum Musiker. In Gruppen herein Zuschauer. Festordner mit Schleifen stellen die Hereinkommenden nach Beruf und Größe auf.

FESTORDNER Genossen ausländische Korrespondenten, hierher! Näher an die Tribüne! Gehen Sie zur Seite und lassen Sie Platz für die Brasilianer! Ihr Luftschiff landet eben auf dem Zentralflughafen. *Tritt beiseite, genießt den Anblick.* Genossen Neger, stehen Sie vermischt mit den Engländern in schönen farbigen Gruppen, das angelsächsische Weiß unterstreicht noch mehr Ihren Olivton... Universitätsjugend nach links, Ihnen sind drei Greisinnen und drei Greise aus dem Klub der Hundertjährigen zugeteilt. Sie werden die Erklärungen der Professoren durch Augenzeugenberichte ergänzen.

In Rollstühlen fahren alte Männer und Frauen herein.

1. ALTE Als wäre es jetzt, erinnere ich mich...

1. ALTER Nein, ich erinnere mich, als wäre es jetzt.

2. ALTE Sie erinnern sich, als wäre es jetzt, aber ich erinnere mich wie früher.

2. ALTER Und ich erinnere mich als wäre es jetzt, wie es früher war.

3. ALTE Und ich erinnere mich, als wäre es noch früher, ganz, ganz früh.

3. ALTER Und ich erinnere mich sowohl, als wäre es jetzt, als auch als wäre es früher.

FESTORDNER Ruhe, Augenzeugen, lispeln Sie nicht! Machen Sie Platz, Genossen, Bahn frei für die Kinder! Hierher, Genossen! Tempo! Tempo!

KINDER *marschieren in Reihe und Glied, singen:*

Wir lernen
voll Freude
das Alte gut verstehn!
Dafür kön-
nen wir auch
so schön
spazieren gehn.
Die Ixe
und die Ypsilons
sind längst
geprüft und hin.
Jetzt gehn wir,
wo
Chamäleons
und Elefanten
sind!
Hierher,
wo Tiere sind wie nie
gehen wir
Mann für Mann
zum Garten der
Zoólogie
voran,
voran,
voran!!!

FESTORDNER Bürger, die den Exponaten ein Vergnügen bereiten oder sie zu wissenschaftlichen Zwecken benutzen wollen, haben die Freundlichkeit, Südfrüchte in kleinen Mengen und wissenschaftliche Instrumente nur beim Zoopersonal zu erwerben. Dilettantismus und Übertreibung bei der Dosierung sind tödlich. Wir bitten, nur Früchte und Instrumente zu verwenden, die vom zentralen medizinischen Institut und den städtischen Labors für Präzisionsmechanik ausgegeben sind.

Zoowärter gehen durch Zoo und Theater.

1. WÄRTER
Bakterien
in der Faust betrachten
ist Dummheit!
Genossen,
nehmt
Mikroskope und Lupen!

2. WÄRTER
Im Fall
von Bespucktwerden
reinigt nur
Doktor Karbolkins
Karbol-Tinktur!

3. WÄRTER
Die Fütterung –
unvergeßliches Bild!
Kauft
Nikotin-Dosen
extra-mild!

4. WÄRTER
Mit Alkohol tränken,
und dem Vieh ist sicher
Leberzirrhose,
Idiotismus
und Ischias!

5. WÄRTER
Selbstgebrannter
Marke »Rauchende Rose«
garantiert
hundert
Prozent
Sklerose.

6. WÄRTER
Haltet
die Ohren
in voller Rüstung.

Ohrenklappen
schlucken
wüsteste Flüche.

FESTORDNER *macht dem Stadtsowjet den Durchgang zur Tribüne frei:* Der Genosse Vorsitzende und seine engsten Mitarbeiter haben dringendste Arbeiten liegengelassen und sind zu den Klängen eines alten Staatsmarschs auf unserer Feier eingetroffen. Begrüßen wir die teuren Genossen!
Alle applaudieren, herein eine Gruppe mit Aktentaschen, sich würdevoll verneigend und vor sich hinsingend:

ALLE

Des Dienstes
Last
macht uns keine Runzel.
Der Arbeit
die Zeit
dem Spaß
eine Stunde!
Gruß euch
von der Stadt
kühne Fänger und Jäger!
Auf euch
sind stolz
wir –
dieser Stadt Väter!!!

VORSITZENDER *geht auf die Tribüne, hebt eine Fahne, alles verstummt:* Genossen, ich erkläre die Feier für eröffnet. Unsere Jahre sind gekennzeichnet durch tiefe Erschütterungen und Leiden inneren Charakters. Äußere Ereignisse sind selten. Die Menschheit, erschöpft von früheren Ereignissen, ist dieser relativen Ruhe sogar froh. Dennoch wenden wir uns nicht ab von einem Schauspiel, das, äußerlich märchenhaft, unter einem regenbogenfarbenen Gefieder einen tiefen wissenschaftlichen Sinn verbirgt. Die bedauerlichen Vorfälle in unserer Stadt, die die Folge einer unbedachten Aufenthaltserlaubnis für zwei Parasiten

waren, diese Vorfälle sind dank meinen Kräften und den Kräften der Weltmedizin aus der Welt geschafft. Dennoch unterstreichen diese Vorfälle, die als Abglanz der Vergangenheit glimmen, den Schrecken der überwundenen Zeit sowie Stärke und Schwierigkeit des Kulturkampfes der arbeitenden Menschheit.
Mögen die Seelen und Herzen unserer Jugend an diesen unheilvollen Beispielen gehärtet werden! Ich kann nicht umhin, Dank auszusprechen und erteile das Wort unserem ruhmreichen Direktor, der den Sinn der seltsamen Erscheinungen enträtselt und aus verderblichen Erscheinungen einen wissenschaftlichen und heiteren Zeitvertreib gemacht hat. Hurra!!!

Alle schreien Hurra. Tusch. Auf die Tribüne klettert der sich nach allen Seiten verneigende Zoodirektor.

ZOODIREKTOR Genossen! Ich bin erfreut und verlegen über Ihre Aufmerksamkeit. Ohne meine Beteiligung hintanzustellen, kann ich nicht umhin, Dank auszusprechen den hingebungsvollen Mitgliedern des Jägerverbandes, die die unmittelbaren Helden der Suchaktion waren, und dem verehrten Professor des Instituts für Wiederbelebung, der den vereisenden Tod bekämpft hat. Wenngleich ich nicht umhin kann anzumerken, daß der erste Fehler des verehrten Professors die indirekte Ursache der bekannten Katastrophe war. Nach mimikryhaften äußeren Merkmalen – Schwielen, Kleidung und so weiter – ordnete der verehrte Professor das aufgetaute Säugetier fälschlich zum »homo sapiens« und zu seiner höchsten Form – der Klasse der Arbeiter. Ich schreibe den Erfolg nicht ausschließlich meiner langen Beschäftigung mit Säugetieren und dem Eindringen in ihre Psychologie zu. Mir half der Zufall. Eine unklare, unterbewußte Hoffnung sagte mir: »Schreib, gib bekannt, verbreite eine Anzeige.«
Und ich schrieb:
»Gesucht entsprechend den Prinzipien eines zoologischen Gartens menschlicher Körper zwecks ständigen Gebissen-

werdens zur Erhaltung und Entwicklung eines neuerworbenen Insekts in demselben gewohnten normalen Bedingungen.«

STIMME AUS DER MENGE Ach, wie furschtpar!

ZOODIREKTOR Ich verstehe, daß das furchtbar ist, ich selber traute der eigenen Absurdität nicht, da mit einemmal – ist das Wesen da! Sein Aussehen ist fast menschlich... Also, wie Sie und ich...

VORSITZENDER *betätigt die Glocke:* Genosse Direktor, ich rufe Sie zur Ordnung!

ZOODIREKTOR Verzeihung, Verzeihung. Natürlich habe ich mich sofort auf dem Weg der Umfrage und der vergleichenden Tierkunde überzeugt, daß wir es mit einem schrecklichen menschenförmigen Simulanten zu tun haben und er ein höchst erstaunlicher Parasit ist. Ich werde mich nicht in Einzelheiten verlieren, zumal diese sich Ihnen sogleich enthüllen werden in diesem im vollen Sinn erstaunlichen Käfig.

Es sind zwei – von unterschiedlichem Wuchs, doch dem Wesen nach gleich –: der berühmte WANZUS NORMALIS und... und SPIESSERUS VULGARIS! Beide kommen vor in den modrigen Matratzen der Zeit.

WANZUS NORMALIS, der sich mästet und vollsäuft am Körper eines Menschen, fällt unter das Bett.

SPIESSERUS VULGARIS, der sich mästet und vollsäuft am Körper der ganzen Menschheit, fällt aufs Bett. Das ist der ganze Unterschied!

Während die werktätige Menschheit der Revolution sich juckte und krümmte, um den Dreck wegzukratzen, bauten jene in eben diesem Dreck Nester und Häuschen, prügelten ihre Frauen, schworen bei Bebel und lebten sorglos und selbstgefällig in den Zelten ihrer eigenen Reithosen. Aber SPIESSERUS VULGARIS ist schlimmer. Mit seiner ungeheuerlichen Mimikry umgarnt er die gebissenen Opfer, indem er sich teils als grillenartiger Verseschmied, teils als romanzenstimmiger Vogel aufspielt. In jenen Zeiten war sogar seine

Kleidung mimikryhaft – vogelartiges Äußeres: Fliege und geschwänzter Frack mit schneeweißer gestärkter Brust. Derartige Vögel bauten Nester in den Theaterlogen, sammelten sich auf den Eichen der Oper, schabten in den Balletten zu den Klängen der Internationale einen Fuß am anderen, hingen von den Zweigen der Strophen, frisierten Tolstoi à la Marx, jammerten und balzten in erstaunlichen Mengen und – verzeihen Sie den Ausdruck, aber wir befinden uns auf einem wissenschaftlichen Vortrag – schissen in Mengen, die nicht als kleine Vogelunannehmlichkeit abgetan werden können.
Genossen! Im übrigen – überzeugen Sie sich selbst!
Gibt ein Zeichen, die Wärter enthüllen den Käfig; auf einem Sockel das Wanzenetui, dahinter eine Erhöhung mit Doppelbett. Auf dem Bett Streureikin mit Gitarre. Über dem Käfig eine Lampe mit gelbem Schirm. Um Streureikins Kopf ein Heiligenschein – ein Fächer aus Ansichtskarten. Flaschen stehen und liegen auf dem Fußboden herum. Rings um den Käfig Spucknäpfe. An den Gittern des Käfigs Schilder, an den Seiten Filter und Ozonapparate. Schilder: 1. »Vorsicht – spuckt!« 2. »Ohne Anmeldung kein Zutritt!« 3. »Ohren schützen – Fluchtgefahr!« – Tusch; bengalische Beleuchtung; die zurückgewichene Menge nähert sich, stumm vor Begeisterung.

STREUREIKIN In der Lunatscharskistraße
ruft ein altes Haus nach mir –
mit so breiter dunkler Treppe
und mit zugehängter Tür!

ZOODIREKTOR Genossen, kommen Sie näher, keine Angst, es ist ganz friedlich. Kommen Sie, kommen Sie! Beunruhigen Sie sich nicht: vier seitliche Filter halten die undruckbaren Ausdrücke innerhalb des Käfigs, was durchkommt, sind nur wenige, aber vollkommen anständige Wörter. Die Filter werden täglich durch spezielles Personal in Gasmasken gereinigt. Sehen Sie, gleich wird es sogenannt »rauchen«.

STIMME AUS DER MENGE Ach, wie furchtbar!

DIREKTOR Keine Angst – gleich wird es sogenannt »sich anregen«. Geigin – einen kippen!

Geigin macht sich an eine Flasche mit Wodka.

STIMME AUS DER MENGE Ach, nicht doch, nicht doch, quälen Sie das arme Tier nicht!

ZOODIREKTOR Genossen, das ist doch überhaupt nicht furchtbar: es ist zahm! Sehen Sie, wie ich es gleich auf die Tribüne führe. *Geht zum Käfig, zieht Handschuhe über, prüft seine Pistolen, öffnet die Tür, führt Geigin heraus, stellt ihn auf die Tribüne, dreht ihn mit dem Gesicht zu den Plätzen der Ehrengäste.* Na los, sagen Sie irgendwas Kurzes, ahmen Sie menschlichen Ausdruck, Stimme und Sprache nach.

GEIGIN *bleibt unterwürfig stehen, räuspert sich, hebt die Gitarre; dreht sich plötzlich um und wirft einen Blick in den Zuschauerraum. Sein Gesicht verändert sich und wird begeistert. Er stößt den Zoodirektor beiseite, schleudert die Gitarre weg und brüllt in den Zuschauerraum:* Bürger! Brüder! Unsrige! Verwandte! Woher? Wieviel seid ihr? Wann haben sie euch alle aufgetaut? Wieso bin bloß ich im Käfig? Meine Lieben, Brüder, kommt doch zu mir! Wofür leide ich denn?! Bürger...!

STIMMEN DER GÄSTE Die Kinder, die Kinder wegbringen...
Einen Maulkorb... einen Maulkorb für ihn...
Ach, wie furchtbar!
Professor, abbrechen!
Ach, bloß nicht schießen!

Zoodirektor läuft in Begleitung zweier Wärter mit einem Ventilator auf die Bühne. Die Wärter zerren Geigin weg. Zoodirektor lüftet die Tribüne. Tusch. Die Wärter verriegeln den Käfig.

ZOODIREKTOR Verzeihung, Genossen... Verzeihung... Das Insekt ist müde. Lärm und Beleuchtung haben es in einen Zustand von Halluzination versetzt. Erregen Sie sich nicht. Das bedeutet gar nichts. Morgen wird es sich beruhigen... Ruhe, Bürger, gehen Sie auseinander, bis morgen.
Musik, marsch!

Schwitzbad

Drama in sechs Akten mit Zirkus und Feuerwerk

Personen

GENOSSE TRIUMPHANSCHIKOW, Chef der Hauptverwaltung für Koordinierung und Kompromißwirtschaft, Haukooko

POLJA, seine Frau

GENOSSE OPTIMISTENKO, sein Sekretär

ISAAK BELVEDERSKI, Porträtist, Schlachtenmaler, Naturalist

GENOSSE MOMENTANIKOW, Reporter

MISTER PONT KITSCH, Ausländer

GENOSSIN CONTINENTAL, Stenotypistin

DER VERUNTREUER DUNKELMANKO

GENOSSE FAHRRADKIN, von der Roten Kontrolle[1]

GENOSSE SELTSAMKOW, Erfinder

MADAME MESALLIANZOWA, Mitarbeiterin der WOKS (Allunionsgesellschaft für kulturelle Verbindung mit dem Ausland)

GENOSSE LUSCHKIN, Arbeiter

GENOSSE ZWEIKIN, Arbeiter

GENOSSE DREIKIN, Arbeiter

BITTSTELLER

VORSITZENDER EINES HAUSKOMITEES

REGISSEUR

IWAN IWANOWITSCH

MENGE IN DER BEHÖRDE

MILIZMANN

ZWEI THEATERDIENER

PHOSPHORESZIERENDE FRAU

Erster Akt

Rechts ein Tisch, links ein Tisch. Überall herumliegende und herumhängende Zeichnungen. Dazwischen lötet Genosse Luschkin mit einem Lötkolben die Luft. Seltsamkow, eine Zeichnung prüfend, geht von Lampe zu Lampe.

FAHRRADKIN *eilig herein:* Na, mündet die miese Wolga noch immer ins Kaspische Meer?

SELTSAMKOW *schwenkt die Zeichnung:* Ja, aber nicht mehr lange. Versetzt eure Uhren und verkauft sie.

FAHRRADKIN Gut, daß ich noch keine gekauft habe.

SELTSAMKOW Kauf keine! Keinesfalls eine kaufen! Bald wird diese tickende platte Dummheit lächerlicher sein als ein Kienspan am Dnjeprostroj, als ein Zugochse beim Autorennen.

FAHRRADKIN Das heißt, ihr laßt die Schweiz verwanzen?[2]

SELTSAMKOW Klappere doch nicht mit der Zunge auf dem kleinen politischen Rechenbrett von heute! Meine Idee ist grandioser. Die Wolga der menschlichen Zeit, in die uns unsere Geburt wirft wie Baumstämme in den Fluß, damit wir uns abstrampeln und mit der Strömung schwimmen – diese Wolga hat von jetzt ab uns zu gehorchen. Ich zwinge die Zeit, stillzustehen oder dahinzurasen, in beliebiger Richtung und mit beliebiger Geschwindigkeit. Die Menschen werden aus den Tagen steigen können, wie Fahrgäste aus Straßenbahnen und Omnibussen. Mit meiner Maschine kannst du eine Glückssekunde anhalten und sie monatelang genießen, bis du es satt hast. Mit meiner Maschine kannst du die schleichenden Jahre des Kummers zum Wirbelsturm machen, du ziehst den Kopf ein, und über dir, ohne dich nur zu streifen, fliegt hundertmal pro Minute das Sonnengeschoß vorbei, das Schluß macht mit den schwarzen Tagen. Sieh her: Die Feuerwerksphantasien eines Wells[3], das futuristische Gehirn Einsteins, die animalischen Schlafgewohnheiten der Bären und Yogis – alles, alles ist in diese Maschine komprimiert, gepreßt und verschmolzen.

FAHRRADKIN Ich verstehe fast nichts und sehe jedenfalls überhaupt nichts.

SELTSAMKOW Setz eine Brille auf! Dich blenden diese Platten aus Platin und Kristall, diese Strahlengeflechte. Siehst du? Siehst du ...?

FAHRRADKIN Ja...

SELTSAMKOW Siehst du die zwei Meßlinien, horizontal und vertikal?

FAHRRADKIN Ja...

SELTSAMKOW Mit diesen Linien mißt du den Kubus des erforderlichen Raumes. Hier, siehst du den Radregulator?

FAHRRADKIN Ja...

SELTSAMKOW Mit diesem Schlüssel isolierst du den eingeschalteten Raum und schirmst alle Ströme der irdischen Schwerkraft ab. Und mit diesen etwas eigenartigen Hebelchen schaltest du Geschwindigkeit und Richtung der Zeit ein.

FAHRRADKIN Ich verstehe. Großartig! Enorm! Das heißt, zum Beispiel versammelt sich ein Unionskongreß zur Frage der Glättung aufgeworfener Fragen, und die Staatliche Akademie für wissenschaftliche Künste erteilt das Wort zur Begrüßung natürlich dem Genossen Kogan, und sobald der anfängt: »Genosse, durch die Fühler des Weltimperialismus zieht sich wie ein roter Faden die Welle...«, schirme ich ihn vom Präsidium ab und lasse die Zeit einer Geschwindigkeit von hundertfünfzig Minuten pro Viertelstunde absausen. Er da oben schwitzt, begrüßt und schwitzt anderthalb Stunden, das Publikum aber sieht: Kaum hat der Akademiker den Mund aufgerissen, ertönt schon der betäubende Schlußbeifall. Alles atmet auf, erhebt die frischen Hintern aus den Sesseln und hopp! an die Arbeit. Richtig?

SELTSAMKOW Pfui! Widerlich! Was reibst du mir irgendeinen Kogan[4] oder Kochhans unter die Nase? Ich erkläre dir die kosmische Relativität, die Transformation der Zeitbestimmung aus einer metaphysischen Substanz, einem Noumenon, in eine Realität, die chemischer und physikalischer Einwirkung unterliegt…

FAHRRADKIN Und was sage ich? Das gleiche! Bau du ein reales Kraftwerk mit voller chemischer und physikalischer Wirkung, und wir ziehen von dort eine Leitung, sagen wir, zu allen Hühnerbrutapparaten, und innerhalb von fünfzehn Minuten werden wir ein Achtkilohuhn aufziehen, danach kriegt es einen Stecker unter die Flügel, wir schalten die Zeit aus – und nun sitz da, Hühnchen, und warte, bis du gebraten und gegessen wirst.

SELTSAMKOW Brutapparate? Hühner? Ich werde dir –

FAHRRADKIN Gut, gut, wenn dich der Gedanke an Kleinvieh erniedrigt, denk meinetwegen an Elefanten oder Giraffen. Mit unseren kleinen grauen Küken kommen wir schon allein klar.

SELTSAMKOW Plattheiten! Ich fühle, mit deinem praktischen Materialismus wirst du mich selber zur Henne machen. Kaum breite ich die Flügel und will fliegen – rupfst du mir die Federn aus.

FAHRRADKIN Gut, gut, mach dich nicht heiß. Und wenn ich dir tatsächlich eine Feder ausgerissen habe, setze ich sie wieder ein. Fliege, schwebe, phantasiere. Wir sind die Helfer deines Enthusiasmus – und keine Bremser. Na, sei nicht böse, Junge. Los, wirf deinen Apparat an. Kann ich helfen?

SELTSAMKOW Aufpassen! Ich berühre nur dieses Rad, und die Zeit rast los und fängt an, den in den Isolierzellen eingeschlossenen Raum zu komprimieren und umzuformen. In diesem Augenblick bringe ich sämtliche Hellseher, Kartenlegerinnen und Propheten um ihr Brot.

FAHRRADKIN Warte, Seltsamkow, ich stelle mich hierhin. Vielleicht werde ich in fünf Minuten aus einem Komsomolzen zu einem Marx mit Bart. Oder nein, ein Altbolschewik mit dreihundertjährigem Parteibuch. Dann besorge ich dir alles, was du brauchst.

SELTSAMKOW Vorsicht! Wahnsinniger. Wenn hier in künftigen Jahren der Stahlträger einer U-Bahn steht, gerät dein mickriger Körper in den vom Stahl eingenommenen Raum, und du wirst augenblicklich zu Zahnpulver. Und sollten hier vielleicht Waggons entgleisen, fährt der ganze Keller in einem ungeheuren Erdbeben zu des Teufels Großmutter. Jetzt ist es noch gefährlich, dorthin zu gehen – man muß auf die warten, die von dort kommen. Ich drehe ganz, ganz langsam – nur fünf Jahre pro Minute...

LUSCHKIN Halt, Genosse, warte eine Minute. Du leierst sowieso an deiner Maschine. Sei so gut, steck meine Staatsanleihe rein – nicht umsonst habe ich mich an ihr festgeklammert und verkaufe sie nicht. Vielleicht bringt sie mir in fünf Minuten hunderttausend?

FAHRRADKIN Genial. Du mußt nur das ganze Finanzministerium mit reinstecken, sonst hast du gewonnen, und man glaubt dir nicht – ohne Gewinnliste.

SELTSAMKOW So, ich stoße euch das Tor zur Zukunft auf, und ihr kriecht dem Rubel nach... Pfui, historische Materialisten!

LUSCHKIN Idiot, ich will den Gewinn doch für dich. Hast du Geld für deine Versuche?

SELTSAMKOW Ja... Haben wir Geld?

FAHRRADKIN Geld.

Es klopft an der Tür. Herein Iwan Iwanowitsch, Pont Kitsch, Mesallianzowa, Momentanikow.

MESALLIANZOWA *zu Seltsamkow:* Do you speak English? Ach, dann sprechen Sie doitsch? Parlez vous wenigstens français? Ja, das habe ich geahnt. Das wird sehr anstrengend. Ich bin gezwungen, eine traduction zu machen aus unserer Sprache in die Sprache der Arbeiter und Bauern. Monsieur Iwan Iwanowitsch, Genosse Iwan Iwanowitsch! Sie kennen natürlich Iwan Iwanowitsch?

IWAN IWANOWITSCH Guten Tag, guten Tag, lieber Genosse! Seien Sie ganz unbefangen. Ich führe unsere Errungenschaften[5] vor, wie Alexej Maximytsch Gorki zu sagen pflegt. Ich selbst erringe zuweilen – aber Sie verstehen, die Belastung! Wir, die Arbeiter und Bauern, benötigen sehr, sehr dringend unseren eigenen, roten Edison! Natürlich, die Krise unseres Wachstums, die kleinen Unzulänglichkeiten im Mechanismus, wo man den Wald abholzt, fallen Späne... Noch eine Kraftanstrengung, und auch das ist ausgemerzt. Haben Sie Telefon? Ach, Sie haben kein Telefon? Ich rede mit Nikolai Iwanowitsch, er schlägt nichts ab. Und wenn er abschlägt, gehe ich zu Wladimir Panfilytsch persönlich, der kommt natürlich entgegen. Selbst Semjon Semjonowitsch sagt mir ständig: »Wir brauchen«, sagt er, »wir Arbeiter und Bauern brauchen einen roten, eigenen sowjetischen Edison.« Genosse Momentanikow, man muß eine breite Kampagne eröffnen.

MOMENTANIKOW Exzellenz, befehlen Sie![6]
Unsre Wünsche, die sind klein.
Einen Auf- Auf- Auf- Auftrag geben Sie
Und schon wird erfüllt er sein.

MESALLIANZOWA Monsieur Momentanikow, Genosse Momentanikow! Mitarbeiter! Weggefährte! Sieht die Sowjetmacht kommen – und schließt sich an. Sieht uns kommen – und kommt mit. Sieht sie gehen – und geht auch.

MOMENTANIKOW Vollkommen, vollkommen richtig – Mitarbeiter! Mitarbeiter der vor- und nachrevolutionären Presse. Nur die revolutionäre, verstehen Sie, ist bei mir irgendwie ausgefallen. Hier die Weißen, dort die Roten, da die Grünen, die Krim, Illegalität... Ich mußte handeln, einen kleinen Laden übernehmen. Nicht meinen, er gehörte dem Vater, vielleicht sogar dem Onkel. Ich selbst bin der Überzeugung nach Arbeiter. Ich habe immer gesagt: Besser unter der roten Fahne verreckt als im Straßengraben. Unter dieser Losung kann man eine große Menge Intelligenz meiner Denkweise vereinigen. Exzellenz, befehlen Sie – unsere Wünsche, die sind klein!

Pont Kitsch hüstelt.

MESALLIANZOWA Pardon! Verzeihung! Mister Pont Kitsch,

Herr Pont Kitsch. Britannischer Angelsachse.

IWAN IWANOWITSCH Waren Sie in England? Ach, ich war in England...! Überall Engländer. Ich habe mir in Liverpool eine Mütze gekauft und das Haus besichtigt, in dem Antidühring geboren wurde und lebte! Erstaunlich interessant! Man muß eine breite Kampagne eröffnen.

MESALLIANZOWA Mister Pont Kitsch ist Philatelist, sehr, sehr bekannt in London und in der City. Philatelist, das bedeutet russisch Briefmarkenfreund, und er interessiert sich sehr, sehr für chemische Fabriken, Zivilluftfahrt und überhaupt für Kunst. Ein sehr, sehr kultivierter und umgänglicher Mensch. Sogar Mäzen. Das ist... nun, wie soll ich es Ihnen übersetzen... Er hilft dort Filmleuten, Erfindern... Nun, einer wie die Arbeiter- und Bauern-Inspektion, nur umgekehrt... Vous comprenez? Nachdem er bereits Moskau vom Wolkenkratzer »Iswestija«[7] gesehen und Volkskommissar Lunatscharski[8] die Hand geschüttelt hat, kommt er, sagt er, nun zu Ihnen... So etwas von kultiviert und umgänglich, er hat uns sogar Ihre Adresse gegeben.

LUSCHKIN Aas. Der hat einen Riecher.

MESALLIANZOWA Please, Sir!

PONT KITSCH I brummen Iwan in Tür, but die Tiere mittagessen. I gehen in Paradies Männeken, aber Waschbär nach Hindustan, I überpfeffere Bestien Erfindeejschn.

MESALLIANZOWA Mister Pont Kitsch will in der ihm eigenen Sprache sagen, daß in seiner von Nebel erfüllten Heimat alle, von MacDonald[9] bis Churchill[10], buchstäblich wie die Tiere interessiert sind an Ihrer Erfindung, und er möchte Sie sehr, sehr bitten...

SELTSAMKOW Aber selbstverständlich, selbstverständlich... Meine Erfindung gehört der ganzen Menschheit, und ich werde sofort... Sehr, sehr erfreut. *Nimmt den Ausländer, der sein Notizbuch zückt, beiseite, zeigt und erklärt.* Das ist so. Ja... ja... Hier die zwei Hebelchen, und auf dem parallelen Kristallmeßstab... Ja... ja... Hierhin. Und das... Gewiß.

FAHRRADKIN *nimmt Iwan Iwanowitsch beiseite:* Genosse, man muß dem jungen Mann helfen. Ich war überall, wo OHNE ANMELDUNG KEIN ZUTRITT steht, ich habe Stunden verwartet, WO DIENSTSCHLUSS war, ich habe fast übernachtet unter Schildern WENN DER MENSCH BESCHÄFTIGT IST, STÖR IHN NICHT MIT DEINEM MIST – alles umsonst. Unzuständigkeit und die Angst, eine Anweisung auf zehn Tscherwonzen zu unterschreiben, werden eine vielleicht grandiose Erfindung vereiteln. Genosse, Sie müssen mit Ihrer Autorität...

IWAN IWANOWITSCH Ja. Furchtbar. Wo man den Wald abholzt, fallen Späne. Ich gehe sofort direkt in die Hauptverwaltung für Koordinierung und Kompromißwirtschaft. Ich werde mich direkt an Nikolai Ignatytsch wenden... Und wenn der nein sagt, rede ich mit Pawel Bartholomäytsch persönlich. Haben Sie Telefon? Ach, Sie haben kein Telefon! Die kleinen Unzulänglichkeiten im Mechanismus... Ach, was für Mechanismen es in der Schweiz gibt! Waren Sie in der Schweiz? Ich war in der Schweiz. Überall Schweizer. Erstaunlich interessant!

PONT KITSCH *steckt sein Notizbuch ein und drückt Seltsamkow die Hand:* Großvater bringen in Paradies Tram von Tür zu Tür, einbrechen und nicht angekommen zu eng. Tscherwonzli?

MESALLIANZOWA Mister Pont Kitsch sagt, daß, wenn Sie Tscherwonzen brauchen...

FAHRRADKIN Er? Er braucht keine, er pfeift auf Tscherwonzen. Gerade war ich für ihn in der Staatsbank und komme voller Tscherwonzen zurück. Direkt unangenehm, sie drücken durch die Taschen. Die hier ist voll Zweiernoten, die voll Dreier-, und in den beiden sind lauter Zehnerscheine. Oll rait! Gudd bai! *Schüttelt Pont Kitsch die Hand, umarmt ihn und führt ihn entzückt zur Tür.*

MESALLIANZOWA Ich bitte Sie sehr um etwas Takt: mit Ihren Komsomolmanieren werden Sie einen Weltkonflikt entfesseln, falls Sie ihn nicht schon entfesselt haben. Good bye –

auf Wiedersehen!

IWAN IWANOWITSCH *klopft Seltsamkow auf die Schulter und verabschiedet sich:* Auch ich habe in Ihrem Alter... Wo man den Wald abholzt, fallen Späne. Wir brauchen, brauchen einen sowjetischen Edison. *Schon aus der Tür.* Sie haben kein Telefon? Macht nichts, ich rede unbedingt mit Nikander Pyramidonowitsch.

MOMENTANIKOW *trippelt hinaus, singt:* Exzellenz, befehlen Sie...

SELTSAMKOW *zu Fahrradkin:* Das ist gut, daß Geld da ist.

FAHRRADKIN Geld ist keins da!

SELTSAMKOW Das heißt, wieso kein Geld? Ich verstehe nicht, wozu dann derart angeben... Und ein solides Angebot von ausländischer Seite zurückweisen!

FAHRRADKIN Du bist vielleicht ein Genie, aber ein Esel! Willst du, daß deine Idee zu Eisen wird und von England als durchsichtige, über die Zeit gebietende Festung herfliegt und auf unsere Fabriken und Sowjets losschlägt?

SELTSAMKOW Ja richtig, richtig... Wie konnte ich ihm alles erzählen? Er hat es sogar ins Notizbuch geschrieben! Und wieso hast du mich nicht angestoßen? Du führst ihn noch zur Tür und umarmst ihn!

FAHRRADKIN Dummkopf, ich habe ihn nicht umsonst umarmt. Ich habe auf meine Erfahrungen als Verwahrloster zurückgegriffen. Ich habe nicht ihn umarmt, sondern seine Taschen. Hier ist es, ein englisches Notizbuch. Ein Engländer hat sein Notizbuch verloren.

SELTSAMKOW Bravo, Fahrradkin! Aber das Geld?

FAHRRADKIN Seltsamkow, ich mache alles. Ich werde Kehlen durchbeißen und die Adamsäpfel verschlucken. Ich werde mich schlagen, daß es Kinnbacken regnet. Ich habe diesen Optimistenko überzeugt und angebrüllt. Er ist glatt und poliert wie eine Gartenkugel; auf seiner sauberen Oberfläche spiegeln sich nur Vorgesetzte und das mit den Beinen nach oben. Den Buchhalter Dunkelmanko habe ich fast in Stücke agitiert. Aber was kann man mit diesem verfluchten

Genossen Triumphanschikow machen? Er drückt jeden platt mit seinem Dienstalter und seinen Verdiensten. Kennst du seinen Lebenslauf? Auf die Frage »Tätigkeit vor 1917« schreibt er »War in der Partei«. In welcher ist unbekannt, ob Bolsche- oder Menschewik, vielleicht auch keins von beidem. Dann ist er aus einem Gefängnis getürmt, er hat der Wache Schnupftabak in die Augen gestreut. Und jetzt, nach fünfundzwanzig Jahren, streut ihm die Zeit selber den Tabak des Kleinkrams in die Augen, und sie tränen ihm vor Zufriedenheit und Wohlgefallen. Was kann einer mit solchen Augen sehen? Den Sozialismus? Höchstens das Tintenfaß und Löschpapier.

LUSCHKIN Genossen, soll ich vielleicht mit Spucke weiterlöten. Hier müssen noch zwei hin. Zweihundertsechzig Rubel Minimaximum.

POLJA *eilig herein, winkt mit einem Packen Geldscheinen:* Geld – zum Lachen!

FAHRRADKIN *gibt Luschkin Geld, Luschkin eilig hinaus:* Schwirr ab! In ein Taxi! Greif dir Material und Arbeitskräfte – und zurück! *Zu Polja:* Na, wie? Hast du die Hauptverwaltung auf Familienebene überzeugt?

POLJA Kann man mit ihm vielleicht einfach reden? Zum Lachen! Er zischt jedesmal wie eine Papierschlange, wenn er nach Hause kommt, schwanger von Revolutionen. Nicht zum Lachen. Das war Dunkelmanko – so ein Buchhalterchen aus seinem Amt, ich sehe ihn auch zum erstenmal. Kommt mittags angerannt, schiebt mir das Päckchen hin, übergeben Sie es, sagt er... geheim... Zum Lachen! Ich, sagt er, darf nicht zu denen... auf Grund möglichen Verdachts von Mittäterschaft. Nicht zum Lachen.

SELTSAMKOW Vielleicht ist dieses Geld...

FAHRRADKIN Ja. Ein Grund zum Nachdenken. Irgendwas scheint... Na gut, egal.

Herein Luschkin. Zweikin und Dreikin.

FAHRRADKIN Fertig?

LUSCHKIN Fertig.

FAHRRADKIN *holt alle zusammen:* Ahoi, los, Genossen!

SELTSAMKOW So, so. Leitungen gelötet. Isolierschichten in Ordnung. Spannung geprüft. Es scheint, wir können. Erstmals in der Geschichte der Menschheit... Weg! Ich schalte ein. Drei, zwei, eins!

Bengalische Explosion. Rauch. Alle weichen zurück, stürzen nach einer Sekunde zum Ort der Explosion. Sich die Finger verbrennend, zieht Seltsamkow ein Stück durchsichtiges gläsernes Papier mit zerrissenem Rand hervor.

SELTSAMKOW Hüpft! Wiehert! Seht das an! Das – ist ein Brief! Geschrieben heute in fünfzig Jahren. Versteht ihr: in fünfzig Jahren! Was für ein Wort! Lest.

FAHRRADKIN Was ist da zu lesen...? K-M-M 4-2 – 24 – 20. Vielleicht ist die Telefonnummer des Genossen K-M-M?

SELTSAMKOW Nicht K-M-M, sondern »komme«. Sie schreiben nur Konsonanten, 4-2 sind die Ordnungszahlen der Vokale. A-e-i-o-u: »komme«. Einsparung von fünfundzwanzig Prozent des Alphabets. Klar? 24 – das Datum von morgen, 20 – die Uhrzeit. Er, sie, es kommt morgen abends um acht. Eine Katastrophe! Was? Siehst du den angesengten Rand? Das heißt, auf dem Zeitweg war ein Hindernis, ein Körper, der in einem der nächsten fünfzig Jahre diesen jetzt leeren Raum einnimmt. Daher auch die Explosion. Sofort, um das von dort Kommende nicht umzubringen, brauchen wir Leute und Geld. Viel! Man muß den Versuch möglichst hoch verlagern, wo der Raum am leersten ist. Wenn mir niemand hilft, lade ich das Monstrum auf den eigenen Rücken. Morgen wird alles entschieden sein. Genossen, mir nach!

Alle eilig zur Tür.

FAHRRADKIN Auf, Genossen, packen wir sie am Kragen, und zwingen sie! Ich werde Bürokraten fressen, bis ich Knöpfe spucke!

Von außen wird die Tür aufgerissen.

VORSITZENDER DES HAUSKOMITEES Wie oft habe ich Ihnen gesagt: Machen Sie sich weg hier mit Ihrem Privatladen! Sie verpesten unseren verantwortlichen Mieter oben, Genossen Triumphanschikow! *bemerkt Polja.* A-u-c-h Si-ie hier? Ich sage, Gott helfe Ihrer gesellschaftlichen Tätigkeit. Ich habe ein süßes kleines Ventilatorchen für Sie zurückgelegt. Auf Wiedersehen!

Zweiter Akt

Bürowand eines Behördenzimmers. Rechts eine Tür mit Leuchtschrift OHNE ANMELDUNG KEIN ZUTRITT. *Neben der Tür empfängt Optimistenko eine die ganze Wand entlangstehende Schlange von Bittstellern. Die Bittsteller kopieren einander in ihren Bewegungen wie aneinandergelehnte schwankende Spielkarten. Wenn die Wand von innen erleuchtet wird, sieht man nur die dunklen Silhouetten der Bittsteller und Triumphanschikows Arbeitszimmer.*

OPTIMISTENKO Was gibts, Bürger?

BITTSTELLER Ich bitte Sie, Genosse Sekretär, koordinieren Sie, bitte, koordinieren Sie!

OPTIMISTENKO Das geht zu machen. Koordinieren geht immer. Jede Frage läßt sich koordinieren. Haben Sie einen Antrag?

BITTSTELLER Jawohl, einen Antrag..., so einen Antrag, daß er einem direkt keine Minute Ruhe läßt. Flucht Mutterflüche und prügelt sich, prügelt sich und flucht Mutterflüche.

OPTIMISTENKO Wer denn, die Frage läßt Ihnen keine Ruhe?

BITTSTELLER Nicht die Frage, sondern Paschka Tigrotatzkow.

OPTIMISTENKO Verzeihung, Bürger, wie soll ich diesen Paschka koordinieren?

BITTSTELLER Das ist wahr, einer allein kann den nicht koordinieren. Aber zu zweit – zu dritt, wenn Sie nur befehlen, wird man ihn schon verhaften und koordinieren. Ich bitte Sie, Genosse, koordinieren Sie diesen Rowdy. Die ganze Wohnung stöhnt unter ihm...

OPTIMISTENKO Pfui! Was latschen Sie mit solchem Kleinkram in eine hohe staatliche Institution? Wenden Sie sich an die Miliz. Was haben wir, Bürgerin?

BITTSTELLERIN Koordinieren, Väterchen, koordinieren.

OPTIMISTENKO Das geht zu machen – koordinieren geht. Jede Frage geht zu koordinieren. Haben Sie einen Beschluß?

BITTSTELLERIN Nein, Väterchen, man darf ihm keinen Beschluß geben. Auf der Miliz sagen sie, sie könnten ihm, sagen sie, eine Woche geben, aber was, Väterchen, werde ich dann essen? Er kommt raus aus dem Beschluß, dann schlägt er mich doch wieder.

OPTIMISTENKO Verzeihung, Bürgerin, Sie haben erklärt, daß Sie eine Koordinierung benötigen. Was kommen Sie mir da mit Ihrem Mann?

BITTSTELLERIN Mit dem Mann muß man mich doch koordinieren, Väterchen, unkoordiniert leben wir, er trinkt ganz finster. Aber ihn anzurühren haben wir Angst, er ist nämlich von der Partei.

OPTIMISTENKO Pfui! Ich sage Ihnen doch, mengen Sie sich nicht mit Kleinigkeiten in eine hohe staatliche Institution. Mit Kleinigkeiten können wir uns nicht befassen. Den Staat interessieren große Dinge, verschiedenerlei Arten Fordismus[11], das, jenes... *Seltsamkow und Fahrradkin eilig herein.* Oh! Wohin denn!

FAHRRADKIN *will Optimistenko beiseite schieben:* Zu Genossen Triumphanschikow dringend, unverzüglich, sofort!

SELTSAMKOW *wiederholt:* Unverzüglich, sofort...

OPTIMISTENKO Ah, ja, ja! Ich erkenne Sie. Sind Sie das selbst oder Ihr Bruder? Hier kam doch immer ein junger Mann.

SELTSAMKOW Das bin genau ich selbst.

OPTIMISTENKO Aber nein... Der war doch ohne Bart.

SELTSAMKOW Ich hatte nicht einmal einen Schnurrbart, als ich anfing, bei Ihnen anzuklopfen. Genosse Optimistenko, damit muß Schluß gemacht werden. Wir gehen zum Haukooko selbst, wir müssen Triumphanschikow persönlich sprechen.

OPTIMISTENKO Nicht erforderlich. Nicht erforderlich, ihn zu stören. Ich kann Sie in eigener Person voll zufriedenstellen. Alles in Ordnung. In Ihrer Angelegenheit gibt es einen umfassenden Beschluß.

SELTSAMKOW *freudig erschreckt:* Voll zufriedenstellen? Ja?

FAHRRADKIN *freudig erschreckt:* Umfassenden Beschluß? Das heißt, man hat die Bürokraten zerschlagen? Ja? Fein!

OPTIMISTENKO Aber ich bitte Sie, Genosse! Was für Bürokratismus kann es geben vor der Parteisäuberung[12]. Bei mir ist alles erfaßt ohne Zugänge und Abgänge, nach dem neuesten Karteisystem. Klapp – finde ich Ihren Kasten. Klapp – greife ich Ihren Vorgang. Klapp – habe ich den umfassenden Beschluß. – Hier, hier! *Alle vertiefen sich in das Blatt.* Ich habe doch gesagt – ein umfassender Beschluß. Hier! Abgelehnt.

Das Vorzimmer wird dunkel. – Im Arbeitszimmer.

TRIUMPHANSCHIKOW *blättert in Papieren, wählt am Telefon, nebenei diktiert er:* »Und so, Genossen, soll dieses sturmverkündende, revolutionäre, aufrüttelnde Klingeln der Straßenbahn als Glocke im Herzen jedes Arbeiters und Bauern dröhnen. Heute verbinden die Geleise Lenins den ›Platz des zehnten Jahrestages der sowjetischen Medizin‹ mit dem einstigen Bollwerk der Bourgeoisie, dem Heumarkt...« – *Ins Telefon:* Ja. Hallo, hallo...! – *Diktiert weiter:* »Wer fuhr mit der Straßenbahn vor dem 25. Oktober? Deklassierte Intelligenzler, Popen und Adlige. Für wieviel fuhren sie? Für fünf Kopeken pro Teilstrecke. Worin fuhren sie? In einer gelben Straßenbahn. Und wer wird jetzt fahren? Jetzt werden wir fahren, die Werktätigen des Weltalls. Wie werden wir fahren? Mit allen sowjetischen Bequemlichkeiten. Für wieviel? Für nur zehn Kopeken. Und so, Genossen...« *Telefon läutet. Ins Telefon:* Ja, ja, ja. Nicht da? – Wo waren wir?

STENOTYPISTIN Bei »Und so, Genossen...«

TRIUMPHANSCHIKOW Richtig. »Und so, Genossen, denkt daran, Lew Tolstoi ist der größte und unvergeßliche Künstler der Feder. Sein Erbe der Vergangenheit strahlt uns an der Grenze zweier Welten als großer künstlerischer

Stern, als ganzes Sternbild, als das größte aller großen Sternbilder – als Großer Wagen. Lew Tolstoi...«

STENOTYPISTIN Verzeihung, Genosse Triumphanschikow. Sie haben eben von der Straßenbahn gesprochen, und jetzt haben Sie während der Fahrt Lew Tolstoi einsteigen lassen. Soviel ich verstehe, verletzt das die literarischen Verkehrsregeln für Straßenbahnen.

TRIUMPHANSCHIKOW Was? Welche Straßenbahn? Ach... Diese ewigen Begrüßungsansprachen und Reden... Ich verbitte mir Bemerkungen während der Arbeitszeit! Für Selbstkritik steht Ihnen die Wandzeitung zur Verfügung. Weiter... »Selbst Lew Tolstoi, selbst dieser Große Wagen der Feder, gelänge es ihm, auf unsere Errungenschaften in Form obenerwähnter Straßenbahn zu blicken, selbst er hätte vor dem Antlitz des Weltimperialismus erklärt: ›Ich kann nicht schweigen. Da sind sie, die roten Früchte der allgemeinen und obligatorischen Volksbildung.‹ Und in diesen Tagen des Jubiläums...« Unerhört! Ungeheuerlich! Sofort den Genossen... den Bürger Dunkelmanko!

Triumphanschikows Arbeitszimmer wird dunkel. – Wieder die Schlange im Vorzimmer. Seltsamkow und Fahrradkin gehen auf Optimistenko los.

FAHRRADKIN Genosse Optimistenko, das ist der reine Hohn!

OPTIMISTENKO Aber nicht doch, nicht der geringste Hohn. Man hat überprüft, man hat beschlossen: Ablehnen. Ihre Erfindung ist im Perspektivplan für das nächste Quartal nicht vorgesehen.

FAHRRADKIN Der Sozialismus wird doch nicht in deinem einen nächsten Quartal aufgebaut.

OPTIMISTENKO Stören Sie doch nicht mit Ihren Phantasien unsere staatliche Tätigkeit! *Zu dem eintretenden Belvederski:* Bitte sehr! Rein! Verbreiten Sie sich! *Zu Seltsamkow:* Ihr Vorschlag ist mit dem Volkskommissariat für

Verkehrswesen nicht koordiniert und entspricht nicht den Bedürfnissen der breitesten Arbeiter und Bauern.

FAHRRADKIN Was soll hier das Verkehrswesen? Idiotie!

SELTSAMKOW Natürlich, man kann die ganze Größe der Folgen nicht absehen, und vielleicht, vielleicht läßt sich meine Erfindung auch für Transportaufgaben benutzen – bei maximaler Geschwindigkeit und fast außerhalb der Zeit...

FAHRRADKIN Ja, gut, gut, man kann es auch mit dem Verkehrskommissariat koordinieren. Zum Beispiel, Sie steigen nachts um drei ein, und früh um fünf – sind Sie in Leningrad.

OPTIMISTENKO Na und, was habe ich gesagt? Ablehnen! Lebensfremd. Was sollen wir früh um fünf in Leningrad, wenn alle Verwaltungen noch geschlossen haben? *Das rote Telefonlämpchen leuchtet auf, Optimistenko nimmt den Hörer ab, horcht, brüllt:* Dunkelmanko – zu Genossen Triumphanschikow!

Fahrradkin und Seltsamkow, die ihn aufhalten wollen, ausweichend, zuckelt Dunkelmanko zu Triumphanschikows Tür. Triumphanschikows Arbeitszimmer.

TRIUMPHANSCHIKOW *wählt, bläst das Telefon an:* Tfui! Iwan Nikanorytsch! Gott zum Gruß, Iwan Nikanorytsch! Ich brauche von dir zwei Fahrkarten. Aber ja, Schlafwagen. Was, du leitest schon nicht mehr die Abteilung? Tfui! Bei dieser Belastung löst man sich direkt von den Massen. Braucht eine Fahrkarte und weiß nicht mehr, wen anrufen. Hallo, hallo! ZUR STENOTYPISTIN: Wo waren wir?

STENOTYPISTIN »Und so, Genossen...«

TRIUMPHANSCHIKOW »Und so, Genossen, Alexander Semjonytsch Puschkin, der unübertroffene Verfasser der Oper ›Eugen Onegin‹ sowie des gleichnamigen Bühnenstücks...«

STENOTYPISTIN Verzeihung, Genosse Triumphanschikow,

aber erst haben Sie die Straßenbahn abfahren lassen, dann haben Sie Tolstoi reingesetzt, und jetzt ist Puschkin eingestiegen – ohne jede Haltestelle.

TRIUMPHANSCHIKOW Was für ein Tolstoi? Was soll die Straßenbahn? Ach so, ja. Diese ewigen Begrüßungsansprachen... Ich verbitte mir Widerspruch! Ich schreibe hier beherrscht und qualifiziert und ohne Abweichungen über ein Thema, und Sie... Sowohl Tolstoi als auch Puschkin und, wenn Sie wollen, auch Byron – das alles sind, zwar zu verschiedenen Zeiten, aber Jubiläumsgenossen, und überhaupt. Ich schreibe vielleicht einen allgemeinen Leitartikel, und Sie können später, ohne jede Verdrehung der Selbstkritik, den Artikel nach einzelnen Fragen zerschneiden, falls Sie hier überhaupt am richtigen Platz sind. Aber Sie denken wohl überhaupt mehr an Puder und das Schminken der Lippen. Es ist längst Zeit, das Sekretariat mit jungen Komsomolzinnen klassenmäßig aufzufrischen. Ich muß Sie bitten, noch heute... *Herein Belvederski.* Guten Tag, Genosse Belvederski! Aufgabe erfüllt? In Stoßarbeit?

BELVEDERSKI Erfüllt, selbstverständlich erfüllt. Beinahe ohne ein Auge zu schließen, sozusagen im sozialistischen Wettbewerb mit mir selber, aber alles erfüllt im Sinne des sozialen Auftrags und des dreihundertprozentigen Vorschusses. Wollen Sie, Genosse, einen Blick auf Ihr zukünftiges Mobiliar werfen.

TRIUMPHANSCHIKOW Demonstrieren Sie.

BELVEDERSKI Sie gestatten! Selbstverständlich wissen Sie und sehen, daß es, wie der bekannte Historiker sagt, Stile verschiedener Louis gibt. Das ist Louis Quatorze der Vierzehnte, von den Franzosen nach der Revolution von achtundvierzig so genannt, weil er unmittelbar nach dem Dreizehnten kam. Ferner ist hier Louis Jacob[13], und schließlich erlaube ich mir, als das Zeitgemäßeste zu empfehlen Louis Mauvaisgout den Geschmacklosen.

TRIUMPHANSCHIKOW Die Stile sind nicht schlecht, sauber ausgesucht. Und der Preis?

BELVEDERSKI Alle drei Louis annähernd dasselbe.

TRIUMPHANSCHIKOW Dann, denke ich, bleiben wir bei Louis dem Vierzehnten. Allerdings, in Übereinstimmung mit der Forderung der Arbeiter-und-Bauern-Inspektion auf Kostensenkung schlage ich Ihnen vor, beschleunigt die Stuhlbeine und Diwanbeine zu begradigen, das Gold wegzulassen, alles auf Eiche umzubeizen und hier und da das sowjetische Wappen an Lehnen und anderen hervorragenden Stellen anzubringen.

BELVEDERSKI Zauberhaft! Mehr als fünfzehn Ludwige hat es gegeben, doch so weit vermochte keiner zu denken; aber Sie im Augenblick: bolschewistisch, revolutionär! Genosse Triumphanschikow, gestatten Sie mir, weiter an Ihrem Porträt zu arbeiten und Sie als den Neuerer der Administration sowie als Verteiler der Kredite zu gestalten. Gefängnis und Verbannung[14] ruft nach Ihnen, ich meine selbstverständlich die Zeitschrift. Das Museum der Revolution ruft nach Ihnen – das Original wird man mir dort samt den Händen wegreißen. Und die Kopien erwerben Ihre bewundernden weiblichen Angestellten auf der Basis kleiner Raten bei Abzug vom Gehalt. Erlauben Sie?

TRIUMPHANSCHIKOW Auf gar keinen Fall! Für dergleichen Dummheiten kann ich mich selbstverständlich nicht von der Krippe der Macht reißen; aber wenn die Vervollständigung des Geschichtsbildes es erfordert und ich dabei die Arbeit nicht unterbrechen muß, dann bitte. Ich setze mich hier an den Schreibtisch, und du stell mich retrospektiv dar, das ist, als säße ich auf einem Pferd.

BELVEDERSKI Ihr Pferd habe ich bereits zu Hause aus dem Kopf gemalt, inspirieren lassen habe ich mich auf Trabrennen und, Sie werden es nicht glauben, an den notwendigen Stellen durch Selbstbeobachtung im Spiegel. Jetzt muß ich nur noch Sie auf das Pferd klatschen. Erlauben Sie, das Papierkörbchen beiseite zu rücken. Welche Bescheidenheit bei solchen Verdiensten! Geben Sie die Linie Ihres kämpferischen Beins frei. Wei rein der Stiefel glänzt – direkt zum

Ablecken. Nur bei Michelangelo finden Sie diese reine Linie. Sie kennen Michelangelo?

TRIUMPHANSCHIKOW Anschelow? Armenier?

BELVEDERSKI Italiener.

TRIUMPHANSCHIKOW Faschist?

BELVEDERSKI Nicht doch!

TRIUMPHANSCHIKOW Kenne ich nicht.

BELVEDERSKI Sie kennen ihn nicht?

TRIUMPHANSCHIKOW Und kennt er mich?

BELVEDERSKI Ich weiß nicht... Er ist auch Künstler.

TRIUMPHANSCHIKOW Ah. Na, dann könnte er mich kennen. Wissen Sie, Künstler gibt es viele, Haukooko nur einen.

BELVEDERSKI Der Bleistift zittert mir. Nicht wiederzugeben, diese Dialektik des Charakters bei allgemeiner Bescheidenheit der Lebensführung. Ihre Selbstachtung, Genosse Triumphanschikow, ist titanisch! Blitzen Sie mit den Augen über die rechte Schulter und über den Füllfederhalter. Gestatten Sie, diesen Augenblick zu verewigen.

TRIUMPHANSCHIKOW Herein! *Herein Dunkelmanko.* Sie?!

DUNKELMANKO Ich...

TRIUMPHANSCHIKOW Zweihundertdreißig?

DUNKELMANKO Zweihundertvierzig.

TRIUMPHANSCHIKOW Vertrunken...?

DUNKELMANKO Verspielt.

TRIUMPHANSCHIKOW Ungeheuerlich! Unfaßbar! Wer? Ein Veruntreuer? Wo? Bei mir! In welcher Zeit? In der Zeit, in der ich meine Behörde zum Sozialismus führe in den genialen Fußstapfen von Karl Marx sowie nach den Vorschriften der Zentrale...

DUNKELMANKO Was denn, Karl Marx hat auch beim Kartenspiel Geld verloren.

TRIUMPHANSCHIKOW Karl Marx? Beim Kartenspiel? Niemals!!!

DUNKELMANKO Na ja, niemals... Und was schreibt Franz Mehring? Was schreibt er auf Seite zweiundsiebzig seines

Hauptwerks »Karl Marx im persönlichen Leben«? Er hat gespielt! Gespielt hat unser großer Lehrer...

TRIUMPHANSCHIKOW Ich kenne Mehring und habe ihn gelesen. Erstens übertreibt er, und zweitens hat Karl Marx tatsächlich gespielt, aber keine Glücksspiele, sondern nur kommerzielle Spiele.

DUNKELMANKO Aber sein Klassenkamerad und Zeitgenosse, der bekannte Philosoph Ludwig Feuerbach, schreibt: auch Glücksspiele.

TRIUMPHANSCHIKOW Nun, ich habe natürlich den Genossen Feuerbach gelesen. Karl Marx hat mitunter auch Glücksspiele gespielt, aber nie um Geld.

DUNKELMANKO Doch... um Geld.

TRIUMPHANSCHIKOW Gut, aber um seins und nicht um Staatsgelder.

DUNKELMANKO Nehmen wir an, jeder, der Marx studiert hat, weiß, daß es, allerdings nur einmal, diesen denkwürdigen Vorfall mit Staatsgeldern gab.

TRIUMPHANSCHIKOW Natürlich, dieser historische Vorfall zwingt uns, als historischer Präzedenzfall, an ihr Vergehen aufmerksamer heranzugehen, aber trotzdem...

DUNKELMANKO Lassen Sie doch den Unsinn. Niemals hat Karl Marx irgendwelche Karten gespielt. Aber was soll ich Ihnen erzählen? Verstehen Sie vielleicht einen Menschen? Für Sie muß alles nur Vorbildern und Paragraphen entsprechen. Ach du, ausgestopfte Aktentasche! Büroklammer!

TRIUMPHANSCHIKOW Was?! Spotten? Sowohl über seinen unmittelbaren, verantwortlichen Vorgesetzten als auch über den mittelbaren – was sage ich! – über den nichtverantwortlichen Schatten von Karl Marx... Nicht fortlassen! Festnehmen!

DUNKELMANKO Genosse Triumphanschikow, bemühen Sie sich nicht mit dem Telefon, ich melde mich selber bei der Abteilung K.

TRIUMPHANSCHIKOW Ich räume auf damit! Ich werde es nicht zulassen!!!!

BELVEDERSKI Genosse Triumphanschikow! Einen Augenblick! Bleiben Sie in dieser Pose als solcher. Lassen Sie mich diesen Augenblick verewigen.

Stenotypistin lacht.

TRIUMPHANSCHIKOW Sympathie? Für einen Veruntreuer? Lachen? Und noch mit geschminkten Lippen...? Raus! *Triumphanschikow allein, wählt, ins Telefon:* Hallo, hallo! Tfui, tfui... Wer ist da? Alexander Petrowitsch. Seit drei Tagen versuche ich... Durchgekommen? Gratuliere. Aber was denn, was denn! Da gibt es doch keine Zweifel... Wie immer, ganze Tage, ganze Nächte... Ja, endlich heute... Zwei Fahrkarten. Schlafwagen. Erster Klasse. Mit der Stenotypistin. Was hat die Arbeiter- und Bauern-Inspektion damit zu tun? Ich muß unbedingt den Bericht zu Ende diktieren. Was sind denn zweihundertvierzig Rubel hin und zurück. Ja, als Tagegelder oder sonstwie. Leiste mal Stoßarbeit, schick sie mit Kurier. Ist doch klar, deine Sache drücke ich durch. Genau, genau! Ans Grüne Kap[15]... Auf meinen Namen. Also, Händedruck, mit verantwortlichem Gruß. *Legt auf, singt Torero-Motiv:* Hallo, hallo...

Vorzimmer. Seltsamkow und Fahrradkin im Angriff auf die Tür.

OPTIMISTENKO Wohin trampeln Sie wieder? Haben Sie doch Achtung vor der harten Arbeit und der Tätigkeit staatlicher Mitarbeiter.

Herein Mesallianzowa. Seltsamkow und Fahrradkin erneuern ihren Versuch.

OPTIMISTENKO Nein, nein... Außer der Reihe, laut Telefonogramm. *Bietet Mesallianzowa den Arm.* Alles vorbereitet... Aber ja doch... ich habe ihm Andeutungen gemacht, daß seine Frau sich mit Komsomolzen rumtreibt. Er war zuerst derart aufgebracht! Ich werde, sagt er, zügelloses Poussieren ohne ernstzunehmendes Dienstalter und ohne dienstliche Basis nicht dulden; aber dann hat er sich sogar gefreut. Die Sekretärin hat er schon liquidiert, aus Gründen der Unmoral der Lippen. Gehen Sie voran, keine Angst! *Rezitiert:*

Für sie unter jedem Blättchen[16]
Lag ein Kommissar im Bettchen…

Mesallianzowa ab in Triumphanschikows Arbeitszimmer.

SELTSAMKOW So. Jetzt haben wir die durchgelassen! – Genosse, verstehen Sie doch, keine Kraft der Wissenschaft, nicht einmal die Hölle kann abwenden, was auf uns zukommt. Wenn wir den Versuch nicht über die Stadt verlegen, kann es sogar eine Explosion geben.

OPTIMISTENKO Explosion? Also, das lassen Sie lieber! Drohen Sie keiner staatlichen Institution. Uns steht es nicht zu, uns aufzuregen und die Nerven zu verlieren, aber wenn eine Explosion kommt, werden wir Sie bei der entsprechenden Stelle anzeigen.

FAHRRADKIN Begreif doch, du Blödkopf…! Dich muß man anzeigen, sowohl an den entsprechenden als auch an nicht entsprechenden Stellen. Die Menschen brennen darauf, für das Universum der Arbeiter zu arbeiten, und du Blinddarm pinkelst mit deinen Büroreden auf ihren Enthusiasmus, was?

OPTIMISTENKO Ich bitte Sie, nicht persönlich zu werden! Die Persönlichkeit spielt in der Geschichte keine besondere Rolle. Wir leben nicht mehr in der Zarenzeit. Damals wurde Enthusiasmus gebraucht. Aber jetzt haben wir den historischen Materialismus, und irgendwelcher Enthusiasmus wird nicht verlangt. *Herein Mesallianzowa.* Gehen Sie auseinander, Bürger, die Sprechzeit ist zu Ende.

MESALLIANZOWA *mit einer Aktentasche:*

O Bajadere[17],
Vor deiner Schönheit!
Tara-ram, tara-ram…

Dritter Akt

Die Bühne ist die Fortsetzung der Parkettreihen. In der ersten Reihe einige freie Plätze. Signal »Dritter Akt«. Das Publikum sieht durch Theatergläser auf die Bühne, die Bühne sieht durch Theatergläser auf das Publikum. Pfeifen, Trampeln, Rufe: »Weitermachen!«

REGISSEUR Genossen! bewahren Sie Ruhe. Aus von uns nicht abhängenden Gründen verzögert sich der dritte Akt um einige Minuten. *Zur Seite:* Na, kommen Sie? Peinlich. Besprechen kann man schließlich auch dann; gehen Sie ins Foyer, geben Sie irgendwie höflich zu verstehen... Ah, da sind sie... Willkommen. Genossen. Aber nein! Sehr angenehm. Unwesentlich, eine Minute, und wenn es eine halbe Stunde ist, wir sind kein D-Zug, anhalten kann man immer. Jeder versteht, wir leben in einer solchen Zeit. Alle möglichen staatlichen, selbst planetarischen Vorfälle können eintreten. Haben Sie den ersten und zweiten Akt gesehen? Na, und, und? Uns alle interessiert natürlich der Eindruck, überhaupt Ihre Meinung...

TRIUMPHANSCHIKOW Nicht schlecht, nicht schlecht! Ich sage das eben zu Iwan Iwanowitsch. Scharf erfaßt. Getroffen. Und trotzdem stimmt das irgendwo nicht...

REGISSEUR Das kann man doch alles verbessern, wir sind ständig bemüht. Geben Sie nur konkrete Hinweise – und ehe Sie sich umdrehen...

TRIUMPHANSCHIKOW Zu dick ist das alles, das Leben ist nicht so... Nun, sagen wir, dieser Triumphanschikow. Das ist doch peinlich. Dargestellt wird doch offenbar ein verantwortlicher Genosse, und irgendwie setzen Sie ihn in ein solches Licht und nennen ihn noch Haukooko. Solche Menschen gibt es bei uns nicht – das ist unnatürlich, lebensfremd, unähnlich! Das muß man umarbeiten: mildern, poetisieren, abrunden...

IWAN IWANOWITSCH Ja, ja, peinlich ist das! Haben Sie Telefon? Ich werde Fjodor Fjodorowitsch[18] anrufen, er kommt selbstverständlich entgegen... Ach, während der Vorstellung geht das schlecht? Gut, dann später. Genosse Momentanikow, man muß eine breite Kampagne eröffnen.

MOMENTANIKOW Exzellenz, befehlen Sie.

Unsere Wünsche, die sind klein.
Nur ein Wörtchen sagen Sie –
und wir werden »Nieder« schrein.

REGISSEUR Ich bitte Sie! Ich bitte Sie, Genossen! Das ist doch auf Grund unserer bereits im voraus veröffentlichten Selbstkritik und mit Genehmigung des Amtes für Literatur ein nur als Ausnahme gezeigter negativer literarischer Typ.

TRIUMPHANSCHIKOW Wie sagen Sie? Kann man sich etwa so ausdrücken? So kann man doch nur reden über einen völlig hergelaufenen Parteilosen. Typ! Das ist immerhin kein Typ, sondern ein von den leitenden Organen eingesetzter Haukooko, und Sie sagen Typ! Und wenn es in seinen Handlungen irgendwelche ungesetzlichen Verfehlungen gibt, ist das anzuzeigen, wo es hingehört, zwecks Untersuchung, und die vom Staatsanwalt geprüften und von der Arbeiter-und-Bauern-Inspektion veröffentlichten Angaben sind von Ihnen zu symbolischen Gestalten zu verarbeiten. Das verstehe ich, aber ihn dem öffentlichen Gelächter im Theater preisgeben...

REGISSEUR Genosse, Sie haben vollkommen recht, aber das ergibt sich aus der Handlung.

TRIUMPHANSCHIKOW Handlung? Was für eine Handlung? Handlungen haben bei Ihnen nicht vorzukommen. Ihre Sache ist die Aufführung, und handeln, da seien Sie ganz ruhig, werden ohne Sie die verantwortlichen Partei- und Staatsorgane. Und dann – man muß auch die hellen Seiten unserer Wirklichkeit zeigen. Irgend etwas Vorbildliches herauszugreifen, beispielsweise unsere Institution, in der ich arbeite, oder zum Beispiel mich...

IWAN IWANOWITSCH Ja und ja! Gehen Sie in seine Institution. Direktiven werden erfüllt, Rundschreiben durchgeführt, die Rationalisierung wird verbessert, die Papiere liegen jahrelang in vollkommenster Ordnung. Für Gesuche, Beschwerden und Anträge – gibt es ein Fließband. Ein wahrer Winkel des Sozialismus. Erstaunlich interessant!

REGISSEUR Aber, Genossen, erlauben Sie…

TRIUMPHANSCHIKOW Ich erlaube nichts!!! Ich habe kein Recht dazu und wundere mich, wie Ihnen das überhaupt erlaubt worden ist! Das diskreditiert uns sogar vor Europa. *Zu Mesallianzowa:* Das übersetzen Sie bitte nicht…

MESSALLIANZOWA Ach, nein, nein, all right! Er hat eben auf dem Bankett Kaviar gegessen und macht jetzt ein Schläfchen.

TRIUMPHANSCHIKOW Und wen stellen Sie uns entgegen? Einen Erfinder? Und was hat er erfunden? Hat er die Westinghouse-Bremse erfunden? Hat er den Füllfederhalter konstruiert? Fährt die Straßenbahn ohne ihn? Hat er die Ratio bürokratisiert?

REGISSEUR Wie bitte?

TRIUMPHANSCHIKOW Ich sage, hat er das Büro rationalisiert? Nein! Worüber reden wir dann? Träumer brauchen wir nicht! Sozialismus – das ist Berechnung!

IWAN IWANOWITSCH Ja, ja. Waren Sie in einer Buchhaltung? Ich war in einer Buchhaltung – überall Ziffern und Ziffern, sowohl kleine als große, äußerst verschiedene, und zum Schluß stimmen alle überein. Berechnung! Erstaunlich interessant.

REGISSEUR Genosse, mißverstehen Sie uns nicht. Wir können irren, aber wir wollen unser Theater in den Dienst des Kampfes und Aufbaus stellen. Man sieht uns – und beginnt zu arbeiten, man sieht uns – und ist aufgerüttelt, man sieht uns – und entlarvt.

TRIUMPHANSCHIKOW Und ich bitte Sie im Namen aller Arbeiter und Bauern, mich nicht aufzurütteln. Sieh dir das an, ein Wecker! Sie sollen meinem Ohr schmeicheln und nicht aufrütteln. Ihre Sache ist dem Auge zu schmeicheln und nicht aufzurütteln.

MESALLIANZOWA Ja, ja, schmeicheln...

TRIUMPHANSCHIKOW Wir wollen uns nach unserer staatlichen und gesellschaftlichen Tätigkeit erholen. Zurück zu den Klassikern![19] Lernt bei den größten Genies der verfluchten Vergangenheit. Wie oft habe ich euch das gesagt. Erinnert euch, wie der Dichter singt:

Nach noch ein paar Sitzungen[20]
kennen wir nicht Freud noch Leid;
wunschlos wird die Zukunft sein –
uns, taram tam, tuts nicht leid.

MESALLIANZOWA Natürlich, die Kunst muß das Leben widerspiegeln, das schöne Leben, schöne lebendige Menschen.[21] Zeigen Sie uns schöne Lebemenschen in schönen Landschaften und überhaupt den bourgeoisen Verfall. Und wenn die Agitation das verlangt, bis zum Bauchtanz. Oder, sagen wir, wie im verfaulenden Westen frisch der Kampf mit der alten Lebensweise geführt wird. Zum Beispiel zeigen Sie auf der Bühne, daß es in Paris kein Amt für Frauenangelegenheiten gibt, statt dessen aber den Foxtrott, oder welche Röcke neuester Fasson die hinsiechende alte Welt trägt, ce qu'on appelle – le beau monde. Ist das klar?

IWAN IWANOWITSCH Ja, ja! Machen Sie es uns schön! Im Bolschoi-Theater macht man es uns immer schön. Haben Sie den »Roten Mohn«[22] gesehen? Ich habe den »Roten Mohn« gesehen. Erstaunlich interessant. Überall Blumen, und dazwischen flattern, singen und tanzen verschiedene Elfen und Syphiliden.

REGISSEUR Sylphiden, wollten Sie sagen?

IWAN IWANOWITSCH Ja und ja! Das haben Sie sehr gut bemerkt – Sylphiden. Man muß eine breite Kampagne eröffnen. Ja und ja, es fliegen verschiedene Elfen... und Zwölfen... Erstaunlich interessant!

REGISSEUR Verzeihen Sie, aber Elfen gab es schon viele, ihre weitere Vermehrung ist im Fünfjahrplan nicht vorgesehen.

Irgendwie passen sie auch nicht in die Handlung des Stücks. Aber betreffs der Erholung verstehe ich Sie selbstredend, und wir werden entsprechende Änderungen einführen in Form aufmunternder und graziöser Einlagen. Beispielsweise der sogenannte Genosse Triumphanschikow, wenn man ihm ein kitzliges Thema gibt, kann Lachstürme erzeugen. Gleich gebe ich ein paar Anweisungen, und die Rolle wird diamanten. Genosse Triumphanschikow, nehmen Sie drei, vier Gegenstände zur Hand, zum Beispiel Federhalter, Unterschrift, Papier und das Parteihöchstgehalt[23], und machen Sie ein paar Jonglierübungen. Werfen Sie den Federhalter hoch, ergreifen Sie das Papier – setzen Sie die Unterschrift, nehmen Sie das Parteihöchstgehalt, fangen Sie den Federhalter, nehmen Sie das Papier – setzen Sie die Unterschrift, ergreifen Sie das Parteihöchstgehalt. Eins, zwei, drei, vier. Eins, zwei, drei, vier. Partei- und / Staatstag / des Büro- / kraten. Partei- und / Staatstag des Büro- / kraten. Kapiert?

TRIUMPHANSCHIKOW *begeistert:* Gut! Lebensvoll! Keinerlei Verfall – nichts fällt runter. Dabei kann man warm werden.

MESALLIANZOWA Oui, c'est tres pédagogique!

TRIUMPHANSCHIKOW Leichtigkeit der Körperbewegung, lehrreich für jede beginnende Karriere. Zugänglich, einfach – das kann man sogar Kindern vorführen. Unter uns, wir sind eine junge Klasse, und der Arbeiter ist ein großes Kind. Natürlich ist das noch ein bißchen trocken, es fehlt die Rundung, das Saftige...

REGISSEUR Bitte, wenn Ihnen das gefällt, hier sind die Horizonte der Phantasie unermeßlich. Wir sind imstande, ein direkt symbolisches Bild aus allen verfügbaren Schauspielkadern zu bieten. *Klatscht in die Hände.* Freies männliches Personal – auf die Bühne! Beugen Sie mit verklavtem Ausdruck ein Knie. Hauen Sie mit unsichtbarer Hacke in der sichtbaren Hand unsichtbare Kohle. Die Antlitze, die

Antlitze finsterer. Dunkle Mächte drücken euch bösartig nieder.[24] Gut so! Los!
Sie sind das Kapital. Bitte hierher, Genosse Kapital. Tanzen Sie über allen mit dem Ausdruck der Klassenherrschaft. Umarmen Sie mit unsichtbarer Hand eine imaginäre Dame und trinken Sie imaginären Champagner! Los! Gut so! Weitermachen! Freies weibliches Personal – auf die Bühne! Sie sind die Freiheit, Sie haben das entsprechende Benehmen. Sie sind die Gleichheit, das heißt, es ist egal, wer die spielt. Und Sie die Brüderlichkeit, andere Gefühle wecken Sie sowieso nicht. Fertig! Los! Bringt mit einem eingebildeten Aufruf eingebildete Massen zur Erhebung! Infiziert alle, steckt alle an mit Enthusiasmus! Was macht ihr? Höher das Bein, einen eingebildeten Aufschwung simulierend. Kapital, tanzen Sie nach links mit dem Ausdruck der Zweiten Internationale! Was fuchteln Sie mit den Armen? Ausstrekken die Fühler des Imperialismus! Sie haben keine Fühler? Wozu sind Sie Schauspieler. Strecken Sie aus, was Sie wollen. Verführen Sie mit eingebildetem Reichtum die tanzenden Damen. Damen, verweigern Sie sich mit ruckartiger Bewegung der linken Hand. Ja, ja, so! Imaginäre Arbeitermassen, einen symbolischen Aufstand! Kapital, fallen Sie schön! Gut!
Kapital, verröcheln Sie effektvoll!
Bitte farbige Zuckungen!
Hervorragend!
Freies männliches Personal, werft vorgestellte Fesseln ab, erhebt euch zum Symbol der Sonne, schwenkt sieghaft die Arme. Freiheit, Gleichheit und Brüderlichkeit, simuliert den ehernen Fußtritt der Arbeiterkohorten. Setzt den angeblichen Arbeiterfuß auf das angeblich gestürzte angebliche Kapital.
Freiheit, Gleichheit und Brüderlichkeit, erzeugt ein Lächeln, als ob ihr euch freutet. Freies männliches Personal, tun Sie, als ob Sie ein Nichts wären,[25] und bilden Sie sich ein, daß Sie alles werden. Steigt euch gegenseitig auf die

Schultern, um das Wachstum des sozialistischen Wettbewerbs wiederzuspiegeln.
Gut so! Baut einen Turm aus angeblich mächtigen Leibern, der in plastischer Gestalt das Symbol des Kommunismus verkörpert. Winkt mit der freien Hand im Takt mit einem eingebildeten Hammer dem freien Land, um das Pathos des Kampfes fühlen zu lassen.
Orchester, in die Musik Industrielärm!
Ja! Gut so!
Freies weibliches Personal – auf die Bühne! Umwindet mit vorgestellten Girlanden die Arbeiter der weltallumspannenden Armee der Arbeit[26], symbolisiert die Blumen des Glücks, die im Sozialismus erblühen.
Gut! Ja! Fertig!
Eine erholsame Pantomime auf das Thema:
»Fronarbeit und Kapital
nährt den Mimen allemal.«

TRIUMPHANSCHIKOW Bravo! Wunderbar! Und wie können Sie sich mit einem solchen Talent an aktuelle Lappalien verschwenden, an unbedeutende Feuilletons? Das ist wahre Kunst, verständlich und zugänglich sowohl mir als auch Iwan Iwanowitsch als auch den Massen.

IWAN IWANOWITSCH Ja, ja, erstaunlich interessant! Haben Sie Telefon? Ich werde anrufen... Irgendwen werde ich anrufen. Das Herz läuft einem über. Das steckt an! Genosse Momentanikow, man muß eine breite Kampagne eröffnen.

MOMENTANIKOW Exzellenz, befehlen Sie.
Unsere Wünsche, die sind klein.
Geben Sie nur Brot und Spie-hie-hiele –
und wir loben alles fein.

TRIUMPHANSCHIKOW Sehr gut! Alles drin! Nehmen Sie nur noch die Selbstkritik mit rein, auf diese symbolische Art, das ist jetzt sehr modern. Stellen Sie irgendwo an die Seite ein Tischchen, und lassen Sie die Selbstkritik Artikel schreiben, während Sie hier weitermachen. Danke, auf Wiedersehen!

Ich will meine Eindrücke nicht verflachen und belasten nach diesem delikaten Abschluß. Mit kameradschaftlichem Gruß!

IWAN IWANOWITSCH Mit kameradschaftlichem Gruß! Übrigens, wie heißt die kleine Schauspielerin, die dritte von links? Eine sehr schöne und zarte... Begabung. Man muß eine breite Kampagne eröffnen oder vielleicht eine engere, etwa... ich und sie. Ich werde telefonisch anrufen. Oder soll sie anrufen.

MOMENTANIKOW Exzellenz, befehlen Sie!

Unser Schamgefühl ist klein.
Geben Sie nur die Adress-Adresse,
gleich wird angerufen sein.

Zwei Theaterdiener halten den sich zur ersten Reihe vordrängenden Fahrradkin auf.

THEATERDIENER Bürger, he, Bürger, Sie werden höflich gebeten, machen Sie sich weg! Wohin latschen Sie?

FAHRRADKIN Ich muß in die erste Reihe...

THEATERDIENER Vielleicht sonst noch was? Sie werden höflich gebeten, Bürger. Hat eine Arbeiterkarte für den Rang[27] und latscht ins ordentliche Publikum.

FAHRRADKIN Ich muß in die erste Reihe zu Genossen Triumphanschikow, dienstlich.

THEATERDIENER Bürger, ins Theater geht man zum Vergnügen und nicht dienstlich. Ihnen wird höflich gesagt, machen Sie sich dünn hier.

FAHRRADKIN Das Vergnügen ist für übermorgen, und ich komme heute dienstlich, und wenn es sein muß, stellen wir nicht nur die erste Reihe auf den Kopf.

THEATERDIENER Bürger, Ihnen wir höflich gesagt, fegen Sie ab. Die Garderobe nicht bezahlt, kein Programm gekauft und dann noch ohne Karte!

FAHRRADKIN Ich komme doch nicht zum Zuschauen. In meiner Angelegenheit genügt das Parteibuch. Ich komme zu Ihnen, Genosse Triumphanschikow.

TRIUMPHANSCHIKOW Was schreien Sie so? Und wer ist das? Irgendein Triumphanschikow?!

FAHRRADKIN Scherz beiseite, lassen Sie das Spielen. Sie sind er, und ich komme zu Ihnen, nämlich dem Haukooko Triumphanschikow.

TRIUMPHANSCHIKOW Wenn schon nicht Vor- und Vatersnamen, sollte man wenigstens den Familiennamen in Erfahrung bringen, bevor man sich an einen höhergesetzten verantwortlichen Genossen wendet.

FAHRRADKIN So, wenn du verantwortlich bist, dann antworte auch, warum wird in deinem Büro Seltsamkows Erfindung auf Eis gelegt? Wir haben nur noch Minuten. Dann ist das Unglück nicht mehr gutzumachen. Bewilligen Sie sofort Geld, wir verlegen den Versuch in maximale Höhe und –

TRIUMPHANSCHIKOW Was für Blödsinn?! Was für ein Seltsamkow? Was für eine Höhe? Und überhaupt verreise ich heute selbst in die Höhen des Kaukasus.

FAHRRADKIN Seltsamkow ist ein Erfinder.

TRIUMPHANSCHIKOW Erfinder gibt es viele, mich aber nur einmal, und überhaupt bitte ich Sie, mich in den seltenen, von den zuständigen Instanzen geregelten Minuten der Erholung nicht zu stören. Kommen Sie am Freitag.

Regisseur macht Fahrradkin heftige Gesten.

FAHRRADKIN Man wird zu dir kommen, und nicht am Freitag, sondern heute, und nicht ich, sondern...

TRIUMPHANSCHIKOW Soll kommen, wer will, und nicht zu mir, sondern zu meinem Stellvertreter. Wenn in der Anweisung steht, ich habe Urlaub, heißt das, ich bin nicht da. Sie sollten sich mit dem Aufbau unserer Verfassung befassen. Es ist unerhört!

FAHRRADKIN *zu Iwan Iwanowitsch:* Trichtern Sie es ihm ein, telefonieren Sie ihn mürbe, Sie haben es doch versprochen!

IWAN IWANOWITSCH Mit Dienstsachen eine Persönlichkeit belästigen, die sich in Urlaub befindet!!! Erstaunlich interessant! Haben Sie Telefon? Ich werde Nikolai Alexandrowitsch[28] anrufen. Man muß die Gesundheit der verantwortlichen Alten schützen, solange sie jung sind.

REGISSEUR Genosse Fahrradkin, ich flehe Sie an, keinen Skandal! Er ist doch nicht aus dem Stück. Er ist ihm einfach ähnlich. Ich flehe Sie an, sonst merkt das noch jemand! Sie werden im Verlauf der Handlung vollkommen zufriedengestellt.

TRIUMPHANSCHIKOW Leben Sie wohl, Genosse! Ich muß schon sagen, ihr nennt euch revolutionäres Theater, und dabei reizt ihr selbst – wie sagt ihr? – rüttelt verantwortliche Mitarbeiter auf. Das ist nichts für die Massen, und die Arbeiter und Bauern werden das nicht verstehen, und es ist gut, daß sie es nicht verstehen, und es ist nicht nötig, es ihnen zu erklären. Wieso machen Sie aus uns irgendwelche handelnden Personen? Wir wollen nichthandelnde – wie nennt sich das? – Zuschauer sein. Nein, nein! Das nächste Mal gehe ich in ein anderes Theater!

IWAN IWANOWITSCH Ja und ja! Haben Sie die »Quadratur der Kirsche«[29] gesehen? Ich habe den »Onkel der Turbins«[30] gesehen. Erstaunlich interessant!

REGISSEUR *zu Fahrradkin:* Was haben Sie gemacht? Sie haben beinahe die ganze Vorstellung geschmissen. Bitte auf die Bühne! Das Stück geht weiter!

Vierter Akt

Die Szene zeigt ein Treppenhaus. Treppenbiegungen, Treppenabsätze, Wohnungstüren. Den obersten Treppenabsatz betritt der reisefertig angezogene Triumphanschikow mit einem Koffer. Er versucht mit der Schulter die Tür zuzudrücken, doch Polja stößt die Tür auf, läuft heraus, legt die Hand auf den Koffer.

POLJA Was denn, ich soll tatsächlich hierbleiben... Das ist nicht zum Lachen!

TRIUMPHANSCHIKOW Ich bitte dich, dieses Gespräch zu beenden. So ein familiäres Kleinbürgertum! Jeder Arzt sagt, daß man zur vollen Erholung sich, und zwar sich, nicht etwa dich, aus der gewohnten Sphäre herausreißen muß, und ich fahre, um einen dem Staat wichtigen Organismus wiederherzustellen und in verschiedenen Gebirgsgegenden zu festigen.

POLJA Ich weiß doch, ich habe es gesehen – man hat zwei Fahrkarten geschickt. Ich konnte denken... Womit, womit störe ich dich? Zum Lachen!

TRIUMPHANSCHIKOW Laß doch diese kleinbürgerlichen Vorstellungen von Erholung. Ich habe keine Zeit zum Kahnfahren. Das sind kleine Amüsements für Sekretäre und dergleichen. Fahr hin, meine Gondel![31] Ich habe keine Gondel, sondern ein Staatsschiff. Ich fahre nicht, um in der Sonne zu liegen. Ich überdenke ständig die aktuelle Situation, und dann: Vortrag, Bericht, Resolution – kurz, der Sozialismus. Bei meiner gesellschaftlichen Position steht mir laut Gesetz eine Stenotypistin zu.

POLJA Habe ich dich irgendwann beim Stenotypieren gestört? Zum Lachen! Gut, vor anderen spielst du den Heiligen und bemühst dich, aber warum belügst du mich? Nicht zum

Lachen. Warum hältst du dir mich als spanische Wand? Laß mich in Gottes Namen, und stenografiere von mir aus die ganze Nacht! Zum Lachen.

TRIUMPHANSCHIKOW Psst... Du kompromittierst mich mit deinen unorganisierten und noch dazu religiösen Ausbrüchen. »In Gottes Namen«... Tsss... Unten wohnt Kosljakowski, er kann es Pawel Petrowitsch weitererzählen, und der verkehrt zu Hause bei Semjon Afanassytsch.

POLJA Was ist da zu verheimlichen? Zum Lachen!

TRIUMPHANSCHIKOW Du, du hast etwas zu verheimlichen – deine kleinbürgerlichen, dekadenten Weiberlaunen, die eine so ungleiche Ehe zustande gebracht haben. Denk darüber nach – wenigstens vor dem Angesicht der Natur, in die ich fahre, denk nach! Ich – und du! Die Zeit ist vorbei, als es genügte, gemeinsam auf Patrouille zu gehen und unter einem Soldatenmantel zu schlafen. Ich bin aufgestiegen auf der geistigen, dienstlichen und der wohnungsmäßigen Stufenleiter. Auch du müßtest dich weiterbilden und lernen, dialektisch zu lavieren. Aber was sehe ich in deinem Gesicht? Die Überbleibsel der Vergangenheit, die Kette der alten Lebensweise.

POLJA Ich störe dich? Womit? Zum Lachen! Du hast doch ein gerupftes Huhn aus mir gemacht.

TRIUMPHANSCHIKOW Pssst!!! Genug von dieser Eifersucht! Selber treibst du dich in fremden Wohnungen herum. Komsomolzenzeitvertreib, was? Denkst du, ich weiß nichts? Nicht einmal einen Hausfreund konntest du finden, der meiner gesellschaftlichen Position entspricht. Hinterlistige Rockschlampe!

POLJA Sei doch still. Das ist nicht zum Lachen!

TRIUMPHANSCHIKOW Pssst!!! Ich habe dir gesagt, unten wohnt Kosljakowski. Gehen wir in die Wohnung! Damit muß endlich Schluß gemacht werden. *Stößt Polja in die Wohnung und schlägt hinter sich die Tür zu.*

Auf der untersten Treppenstufe erscheint Fahrradkin, hinter ihm Seltsamkow, beladen mit der unsichtbaren Maschine.

Zweikin und Dreikin helfen die unsichtbare Maschine tragen.

FAHRRADKIN Hau-ruck, Genossen! Noch zwanzig kleine Stufen. Schleppt leise! Damit er sich nicht wieder hinter Sekretären und Papierchen versteckt. Soll die Zeitbombe bei ihm explodieren.

SELTSAMKOW Ich fürchte, wir schaffen es nicht bis oben. Ein Rechenfehler von einer Zehntelsekunde macht in unserer Zeit eine Stunde.

ZWEIKIN Spürst du, wie die Teile unter der Hand heiß werden? Das Glas fängt an zu kochen.

DREIKIN Auf meiner Seite erhitzt sich die Leiste bis zur Unmöglichkeit. Eine Kochplatte! Ehrenwort, eine Kochplatte. Ich muß mich schwer zusammennehmen, daß ich nicht loslasse.

SELTSAMKOW Das Gewicht der Maschine vergrößert sich mit jeder Sekunde. Ich bin fast sicher, daß sich in der Maschine ein fremder Körper materialisiert.

ZWEIKIN Genosse Seltsamkow, schlepp schneller! Es läßt sich nicht mehr halten. Wir tragen Feuer!

FAHRRADKIN *läuft hin und faßt mit an, verbrennt sich:* Genossen, laßt nicht nach. Noch zehn, fünfzehn ganz kleine Stufen – er wohnt gleich hier oben. Au, zum Teufel, eine Höllenflamme! *Zieht die verbrannte Hand zurück.*

SELTSAMKOW Weitertragen geht nicht. Offenbar bleiben nur Sekunden. Schnell! Wenigstens bis zum Treppenabsatz. Absetzen!

Aus der Tür eilig Triumphanschikow, schlägt die Tür zu, klopft dann. Die Tür wird etwas geöffnet, Polja zeigt sich.

TRIUMPHANSCHIKOW Du darfst dich natürlich nicht aufregen... Denk daran, Poletschka, du kannst selber verstehen, daß unser Leben, mein Leben nur durch deinen Willen in Ordnung kommen kann.

POLJA Durch meinen? Ich selber? Nicht zum Lachen!

TRIUMPHANSCHIKOW Übrigens, ich habe vergessen, den Browning wegzulegen. Sicher werde ich ihn nicht brauchen. Schließ ihn weg, bitte. Vergiß nicht, er ist geladen, und um schießen zu können, muß man nur den Sicherungshebel zur Seite drücken. Leb wohl, Poletschka. *Schlägt die Tür zu, preßt das Ohr ans Schlüsselloch und horcht.*

Auf der untersten Stufe erscheint Mesallianzowa.

MESALLIANZOWA Triumphhänschen! Kommst du?

TRIUMPHANSCHIKOW Pssss-t!

Krachen, Explosion, ein Schuß. Triumphanschikow reißt die Tür auf und stürzt in die Wohnung. – Auf dem unteren Treppenabsatz Feuerwerk. An Stelle der abgestellten Maschine erscheint die Phosphoreszierende Frau mit einer Rolle, auf der in Leuchtschrift das Wort »Mandat« steht. Alle stehen starr. – Aus seiner Wohnung stürzt, bewaffnet und barfuß in Pantoffeln, Optimistenko und zieht im Laufen die Hosen hoch.

OPTIMISTENKO Wo? Wer?! Wen?!

PHOSPHORESZIERENDE FRAU Seid gegrüßt, Genossen! Ich bin aus dem Jahre 2030 delegiert. Man hat mich für vierundzwanzig Stunden in die hiesige Zeit eingeschaltet. Die Frist ist kurz, die Aufgabe groß. Prüft die Vollmachten und informiert euch.

OPTIMISTENKO *stürzt zu ihr, versenkt sich in das Mandat, murmelt den Text vor sich hin:* »Institut für Geschichte der Entstehung des Kommunismus...« – Ah. – »erteilt Vollmacht...« – Richtig. – »Die Besten auszuwählen...« – Klar. – »für die Übersiedlung ins kommunistische Jahrhundert...« – Was geht hier vor! Was geht hier vor, mein Gott! *Stürzt auf die Stufen hoch. – Auf der Schwelle erscheint sehr verärgert Triumphanschikow.* Genosse Triumphanschikow, ein Delegierter von der Zentrale, zu Ihnen.

TRIUMPHANSCHIKOW *nimmt die Reisemütze ab, läßt den Koffer fallen, überfliegt verwirrt das Mandat, bittet dann eilig mit einer Handbewegung in die Wohnung. – Zu Optimistenko, flüsternd:* Dreh ihr den Saft ab. Frag dort an, du weißt bei wem, ob so eine Sache möglich ist, ob das vereinbar ist mit der Parteiethik und ob es denkbar ist, daß ein Atheist an solche übernatürlichen Erscheinungen glaubt. *Zur Phosphoreszierenden Frau:* Ich bin selbstverständlich auf dem Laufenden und habe bereits allseitige Unterstützung erwiesen. Ihre maßgeblichen Organe haben durchaus überlegt gehandelt, als sie Sie an mich verwiesen haben. Bei uns wird die Frage bereits vor einer Kommission bearbeitet und wird sofort nach Erhalt richtungweisender Direktiven mit Ihnen koordiniert werden. Gehen Sie direkt in mein Arbeitszimmer, und beachten Sie nicht eine gewisse Kleinbürgerlichkeit infolge Unkoordiniertheit der Gleichheit des kulturellen Niveaus der Ehepartner. *Zu Fahrradkin:* Bitte! Ich habe Ihnen ja gesagt – kommen Sie direkt zu mir! *Läßt die Phosphoreszierende Frau an sich vorbei, die allmählich abkühlt und ein normales Aussehen annimmt. – Zum eilig zurückkommenden Optimistenko:* Na, was, was?

OPTIMISTENKO Sie lachen und sagen, das wäre außerhalb der Grenzen des menschlichen Verstands.

TRIUMPHANSCHIKOW Ach, außerhalb der Grenzen! Das heißt, man muß sich mit der Gesellschaft für kulturelle Verbindungen mit dem Ausland koordinieren. Die einfachsten Sachen muß man erst auseinandersetzen. Von selbst entwickelt keiner die geringste Initiative. Genossin Mesallianzowa, das Stenografieren wird verschoben. Kommen Sie herauf zwecks einer sofortigen außerplanmäßigen kulturellen Verbindung.

Fünfter Akt

Bühnenbild des zweiten Aktes, nur weniger ordentlich. Schild BÜRO ZUR DELEGIERUNG INS KOMMUNISTISCHE JAHRHUNDERT. *Entlang der Wand sitzen Mesallianzowa, Belvederski, Iwan Iwanowitsch, Pont Kitsch, Triumphanschikow. Optimistenko amtiert als Empfangssekretär. Triumphanschikow läuft unzufrieden auf und ab, in den Händen zwei Aktentaschen.*

OPTIMISTENKO Was gibts, Bürger?

TRIUMPHANSCHIKOW Nein, so kann das nicht weitergehen! Ich werde das zur Sprache bringen. Und in der Wandzeitung darüber schreiben. Unbedingt werde ich schreiben!!!! Bürokratismus und Protektionswirtschaft muß man bekämpfen. Ich fordere, außer der Reihe vorgelassen zu werden!

OPTIMISTENKO Genosse Triumphanschikow, was für Bürokratismus kann es geben vor der Parteisäuberung und vor der Delegierung? Nicht erforderlich, die Genossin zu stören. Gehen Sie ruhig außer der Reihe. Bald ist die Reihe weg, und Sie kommen von selbst außer der Reihe dran.

TRIUMPHANSCHIKOW Ich verlange sofort!

OPTIMISTENKO Sofort? Bitte, sofort! Nur ist Ihre Uhr mit den Uhren drin nicht koordiniert. Die Genossin hat, Genosse, eine andere Zeit, und sowie sie mir Bescheid sagt, kommen Sie sofort dran.

TRIUMPHANSCHIKOW Ich habe doch in Zusammenhang mit der Delegierung eine Masse Dinge zu klären: Gehalt, Wohnung und so weiter.

OPTIMISTENKO Tfui! Ich sage Ihnen doch, mengen Sie sich nicht mit Kleinigkeiten in eine hohe staatliche Institution! Mit Kleinigkeiten können wir uns nicht abgeben. Den Staat interessieren große Dinge: verschiedenerlei Arten Fordismus, Zeitmaschinen, das, jenes...

IWAN IWANOWITSCH Haben Sie irgendwann Schlange gestanden? Ich stehe das erstemal Schlange. Erstaunlich uninteressant!

Triumphanschikows ehemaliges Arbeitszimmer. Es ist überfüllt. Gehobene Stimmung und kämpferische Unordnung der ersten Oktobertage. Die Phosphoreszierende Frau spricht.

PHOSPHORESZIERENDE FRAU Genossen, unsere Begegnung heute ist flüchtig. Mit vielen von euch werde ich Jahre zusammensein. Vieles von unseren Freuden werde ich euch noch im einzelnen erzählen. Als die Nachricht von eurem Versuch zu uns kam, richteten unsere Gelehrten einen Tag- und Nachtdienst ein. Sie haben euch viel geholfen, als sie eure unvermeidlichen Rechenfehler herausfanden und korrigierten. Ihr und wir kamen einander entgegen, wie zwei Brigaden, die einen Tunnel bohren. Heute haben wir uns getroffen. Ihr selbst seht noch nicht das Große eurer Arbeit. Wir sehen mehr: Wir wissen, was davon Leben geworden ist. Mit Staunen habe ich eure winzigen Wohnungen gesehen, die bei uns verschwunden sind und in Museen sorgfältig restauriert werden; und ich habe die Giganten aus Stahl und Stein gesehen und dankbar an die gedacht, deren Erfahrung uns noch jetzt ein Vorbild ist für Leben und Bauen im Kommunismus. Ich habe die jungen Männer gesehen, die euch nicht auffallen und deren Namen in Tafeln von wertlos gewordenem Gold leuchten. Erst heute, auf meinem kurzen Rundflug, verstand ich die Macht eures Willens und den Lärm eures Sturms, die so schnell zu unserem Glück wurden und zur Freude des ganzen Planeten. Wie begeistert sah ich die Buchstaben der Legenden über euren Kampf lebendig werden – euren Kampf gegen eine ganze bewaffnete Welt von Parasiten und Unterdrükkern. Ihr habt keine Zeit, hinter eure Arbeit zurückzutreten und euch zu bespiegeln – ich aber bin froh, euch von eurer Größe zu erzählen.

SELTSAMKOW Genossin, verzeihen Sie, daß ich unterbreche. Aber nach unserer Zeit bleiben noch sechs Stunden, und ich brauche letzte Anweisungen. Wie viele werden delegiert, Bestimmungsjahr, Geschwindigkeit?

PHOSPHORESZIERENDE FRAU Richtung – Unendlichkeit, Geschwindigkeit – eine Sekunde pro Jahr. Ziel – Jahr 2030, wer und wie viele – unbekannt. Bekannt ist nur die Ankunftsstation. Hier – ist der Wert unklar. Der Zukunft liegt das Vergangene auf der Hand. Aufnehmen wird man, wer noch in hundert Jahren besteht. Fangen Sie an, Genossen! Wer kommt mit Ihnen?

LUSCHKIN Ich!

ZWEIKIN Ich!

DREIKIN Ich!

PHOSPHORESZIERENDE FRAU Und wer von den Mathematikern – für Zeichnungen und Anleitung?

LUSCHKIN Wir!

ZWEIKIN Wir!

DREIKIN Wir!

PHOSPHORESZIERENDE FRAU Wie? Seid ihr gleichzeitig Arbeiter und Mathematiker?

FAHRRADKIN Ganz einfach, wir sind gleichzeitig Arbeiter und Studenten.

PHOSPHORESZIERENDE FRAU Einfach für uns. Ich wußte nicht, daß der Übergang vom Fließband zur Leitung, von der Feile zur Rechenmaschine für euch einfach ist.

ZWEIKIN Wir haben schon andere Übergänge gemacht, Genossin. Wir haben Panzerkreuzer gemacht, dann Feuerzeuge, wir haben mit den Feuerzeugen Schluß gemacht und Bajonette angefangen, von den Bajonetten sind wir auf die Traktoren übergegangen, und dazu die Lektionen an der Hochschule. Auch bei uns haben das viele nicht glauben wollen, aber diesen Unglauben in die Arbeiterklase haben wir liquidiert. Als Sie unsere Zeit studiert haben, ist Ihnen ein kleiner Rechenfehler unterlaufen. Wie es scheint, denken Sie noch ans Vorjahr?

PHOSPHORESZIERENDE FRAU Ich sehe, mit Ihrem beweglichen Schnellgehirn könnten Sie direkt zu uns kommen und bei uns arbeiten.

FAHRRADKIN Das fürchten wir gerade, Genossin. Wir lassen die Maschine an und kommen selbstverständlich mit, wenn die Parteizelle uns schickt. Aber vorläufig lassen Sie uns lieber hier. Unsere Fabrik geht eben zum Dreischichtsystem über – da interessiert man sich doch und möchte wissen, erfüllen wir den Fünfjahrplan in vier Jahren oder nicht?

PHOSPHORESZIERENDE FRAU Ich verspreche, wir halten im Jahr 1934 und erkundigen uns. Aber wenn es viele wie euch gibt, braucht man sich nicht erst zu erkundigen.

SELTSAMKOW Gehn wir, Genossen.

Vorzimmer. Das Vorzimmer durchqueren eilig Seltsamkow, Fahrradkin, Zweikin, Dreikin, Luschkin; sie vergleichen im Gehen Pläne. Triumphanschikow trippelt hinter Seltsamkow her. Seltsamkow wehrt ihn ab.

TRIUMPHANSCHIKOW *aufgeregt gestikulierend:* Sieh mal an, irgendein Seltsamkow nutzt aus, daß er irgendein Zeitapparätchen erfunden hat und früher als ich mit diesem Weib bekannt wurde, mit dieser Antwort-Frau. Ich bin überhaupt noch nicht überzeugt, ob hier nicht einfach Sittenverfall vorliegt und überhaupt Beziehungen der bekannten Art.[32] Geschlecht und Charakter! Jawohl! *Zu Optimistenko:* Angestellter Genosse Optimistenko, Sie müssen doch begreifen, die Frage betrifft hochwichtige Dinge meiner Reise, der hundertjährigen Dienstreise eines verantwortlichen Mitarbeiters an der Spitze einer ganzen Verwaltung.

OPTIMISTENKO Ihre Reise ist aber nicht koordiniert!

TRIUMPHANSCHIKOW Was heißt nicht koordiniert? Seit dem frühen Morgen stelle ich mir Freifahrkarten und Mandate aus!

OPTIMISTENKO Sehen Sie, aber mit dem Volkskommissariat für Verkehrswesen ist sie nicht koordiniert.

TRIUMPHANSCHIKOW Was soll denn hier das Verkehrswesen? Eine Idiotie! Das ist doch kein D-Zug. In einer Sekunde brausen hier vierzig Menschen oder acht Pferde[33] um ein ganzes Jahr vorwärts.

OPTIMISTENKO Ablehnen! Lebensfremd! Welcher Mensch fährt auf eine Dienstreise, wenn er für hundert Jahre Tagegeld braucht und nur für hundert Sekunden bekommt?

Triumphanschikows Arbeitszimmer.

PHOSPHORESZIERENDE FRAU Genossen...

POLJA Ich bitte ums Wort! Entschuldigen Sie die Aufdringlichkeit, ich hoffe auf nichts, worauf kann man noch hoffen? Zum Lachen! Ich will bloß eine Auskunft: Was ist das, Sozialismus. Über den Sozialismus hat mir Genosse Triumphanschikow viel erzählt, aber das alles ist irgendwie gar nicht zum Lachen.

PHOSPHORESZIERENDE FRAU Sie müssen nicht mehr lange warten. Sie fahren mit, mit Ihrem Mann und den Kindern.

POLJA Kinder? Zum Lachen. Ich habe keine Kinder. Mein Mann sagt, in unserer kämpferischen Zeit darf man sich mit solchen unbewußten Elementen, oder Alimenten, nicht einlassen.

PHOSPHORESZIERENDE FRAU Schön, Sie verbinden keine Kinder, aber doch vieles andere, wenn Sie mit Ihrem Mann zusammen leben.

POLJA Leben? Zum Lachen. Ich lebe nicht mit meinem Mann. Er lebt mit anderen, die seinem Verstand und seiner Entwicklung entsprechen. Nicht zum Lachen.

PHOSPHORESZIERENDE FRAU Warum nennen Sie ihn dann Ihren Mann?

POLJA Damit alle sehen, daß er gegen die Lockerung der Moral ist. Zum Lachen!

PHOSPHORESZIERENDE FRAU Ich verstehe. Das heißt, er sorgt einfach für Sie, damit Sie alles haben.

POLJA Ja... er sorgt dafür, daß ich nichts habe. Er sagt, wenn ich mich mit einem neuen Kleid behänge, kompromittiert ihn das in den Augen der Genossen. Zum Lachen!

PHOSPHORESZIERENDE FRAU Nicht zum Lachen.

Vorzimmer; Polja geht durchs Zimmer.

TRIUMPHANSCHIKOW Polja? Wieso bist du hier? Hast mich denunziert? Dich beschwert?

POLJA Beschwert? Zum Lachen!

TRIUMPHANSCHIKOW Hast du ihr vor allem erzählt, wie wir gemeinsam geschritten sind, Schulter an Schulter, der Sonne des Kommunismus entgegen? Wie wir mit der alten Lebensweise gekämpft haben? Frauen lieben Sentimentalitäten. Hat ihr das gefallen? Ja?

POLJA Gemeinsam? Zum Lachen!

TRIUMPHANSCHIKOW Paß auf, Polja! Du darfst meine Ehre als Parteimitglied mit hervorragend langer Mitgliedschaft nicht beflecken. Du mußt an die Parteiethik denken und die schmutzige Wäsche nicht vor anderen waschen. Übrigens, du würdest besser waschen gehen, das heißt in die Wohnung, und dort aufraumen, die Wäsche waschen und alle Sachen zurechtlegen. Ich fahre nämlich. Ich bin gegen Doppelbeschäftigung und fahre vorläufig allein, und dich fordere ich an, sobald ich überhaupt meine Verwandten anfordern lasse. Geh nach Hause, Polja, sonst...

Triumphanschikows Arbeitszimmer.

PHOSPHORESZIERENDE FRAU Eure Institution wurde zufällig ausgewählt, so wie Erfindungen zufällig sind. Vielleicht sind die besten Menschen dort, wo Zweikins und Dreikins arbeiten. Aber bei euch ist ja alle zwei Schritte ein Neubau, und gute Menschenexemplare kann man auch von dort mitnehmen.

STENOTYPISTIN Sagen Sie, kann ich auch mit?

PHOSPHOESZRIERENDE FRAU Sind Sie von hier?

STENOTYPISTIN Vorläufig von nirgends.

PHOSPHORESZIERENDE FRAU Wie von nirgends?

STENOTYPISTIN Gefeuert.

PHOSPHORESZIERENDE FRAU Was bedeutet das?

STENOTYPISTIN Sie sagen, ich habe die Lippen geschminkt.

PHOSPHORESZIERENDE FRAU Wem?

STENOTYPISTIN Mir.

PHOSPHORESZIERENDE FRAU Weiter haben Sie nichts gemacht?

STENOTYPISTIN Getippt. Stenografiert.

PHOSPHORESZIERENDE FRAU Gut?

STENOTYPISTIN Gut.

PHOSPHORESZIERENDE FRAU Weshalb dann von nirgends?

STENOTYPISTIN Gefeuert.

PHOSPHORESZIERENDE FRAU Warum?

STENOTYPISTIN Ich habe die Lippen geschminkt.

PHOSPHORESZIERENDE FRAU Wem?

STENOTYPISTIN Na mir!

PHOSPHORESZIERENDE FRAU Wen geht das denn an?

STENOTYPISTIN Gefeuert.

PHOSPHORESZIERENDE FRAU Warum?

STENOTYPISTIN Ich habe, sagen sie, die Lippen geschminkt.

PHOSPHORESZIERENDE FRAU Wozu haben Sie sie denn geschminkt?

STENOTYPISTIN Ohne Schminken nehmen sie einen überhaupt nicht.

PHOSPHORESZIERENDE FRAU Ich verstehe nicht. Wenn Sie irgendwen anderes geschminkt hätten, vielleicht Besucher, die während der Arbeitszeit eine Auskunft wollen, dann könnte man sagen, es stört, die Kundschaft beschwert sich. Aber so...

STENOTYPISTIN Genossin, entschuldigen Sie wegen der Lippen. Was soll ich machen? Ich war nicht in der Illegalität, und auf der Nase habe ich Sommersprossen; mich bemerkt man nur, wenn ich was mit den Lippen mache. Falls man bei Ihnen die Leute auch ohne das beachtet, sagen Sie es, zeigen Sie mir Ihr Leben – wenigstens einen Zipfel. Klar, bei Ihnen sind alles wichtige... mit Verdiensten, dort sind lauter Triumphanschikows. Ich werde denen nicht unter die Augen kommen, lassen Sie mich trotzdem mit... Wenn ich nicht hinpasse, gehe ich wieder... Sie weisen mich sofort aus. Aber unterwegs kann ich irgend etwas machen, Sie diktieren mir Reiseeindrücke oder die Spesenabrechnung – ich tippe alles.

DUNKELMANKO Und ich rechne zusammen. Ich gehe lieber bei Ihnen zur Abteilung K; bis hier die Gerichte damit klarkommen...

Vorzimmer.

TRIUMPHANSCHIKOW Schreiben Sie, nehmen Sie zu Protokoll! In diesem Fall muß ich erklären, daß ich jede Verantwortung ablehne, und falls infolge Unkenntnis des voraufgegangenen Schriftwechsels, sowie ungünstiger Auswahl des Personals, eine Katastrophe eintritt...

OPTIMISTENKO Na, das lassen Sie lieber...! Drohen Sie keiner großen staatlichen Institution. Wir dürfen nicht die Nerven verlieren und uns aufregen. Aber wenn eine Katastrophe eintritt, dann werden wir Sie der Miliz zuführen zwecks Aufnahme eines Protokolls.

Stenotypistin und der hinter ihr sich versteckende Dunkelmanko gehen durchs Zimmer.

TRIUMPHANSCHIKOW *hält Dunkelmanko fest und mißt die Stenotypistin mit Blicken:* Was? Noch in unserer Institution?! Noch in Freiheit?! Genosse Optimistenko! Weshalb sind keine Maßnahmen ergriffen? Übrigens, wenn Sie noch in Freiheit sind, können Sie sich nicht vor dringender Arbeit drücken. Entsprechend meinen sonstigen Dienstreisen müssen Umzugsgeld und Tagegeld berechnet werden, und zwar unter Zugrundelegung eines normalen Zeitbegriffs und des Durchschnittsverdienstes für hundert Jahre, und dann Reise- und Unkostenvorschuß... Im Fall einer Panne muß man sich möglicherweise irgendwo aufhalten, in irgendeinem tauben Halbjahr, für zwanzig, dreißig Jahre, all das muß vorausgesehen und in Betracht gezogen werden. Man darf nicht so unorganisiert losfahren...

DUNKELMANKO Und du mach dich organisiert dünn, du Wurst!!! *Ab.*

IWAN IWANOWITSCH Wurst? Waren Sie schon auf Sitzungen. Ich war auf Sitzungen, überall belegte Brote, mit Käse, mit Schinken, mit Wurst – erstaunlich interessant!

TRIUMPHANSCHIKOW *allein, wirft sich in einen Sessel:* Bitte, gut, ich gehe. Bei derartiger Behandlung erkläre ich, daß ich in Pension gehe. Soll man mich später nach Memoiren von Zeitgenossen und nach Porträts erforschen. Ich gehe – um so schlimmer für euch, Genossen!

Herein die Phosphoreszierende Frau.

OPTIMISTENKO Ende der Sprechzeit! Kommen Sie morgen, stellen Sie sich wie alle in die Schlange.

PHOSPHORESZIERENDE FRAU Welche Sprechzeit! Was für ein Morgen? Was für eine Schlange?

Optimistenko zeigt auf das Schild OHNE ANMELDUNG KEIN ZUTRITT.

PHOSPHORESZIERENDE FRAU Ach, Sie haben vergessen, diesen Unsinn abzunehmen?

TRIUMPHANSCHIKOW *springt auf und geht neben der Phosphoreszierenden Frau her:* Guten Tag, guten Tag, Genossin. Verzeihen Sie meine Verspätung, aber diese Belastung... Trotzdem bin ich auf eine Minute zu Ihnen gefahren. Ich habe mich geweigert. Aber niemand will mich auch nur anhören. Fahr, sagen sie, repräsentiere uns. Na, und wenn das Kollektiv bittet – muß man ja sagen. Nur denken Sie daran, Genossin, ich bin Funktionär von zentraler Bedeutung, in die Kolchosen gehen[34] sollen andere. Berücksichtigen Sie das rechtzeitig und stimmen Sie sich ab. Genosse Optimistenko kann ein Blitztelegramm aufgeben, auf unsere Kosten. Sie verstehen natürlich selbst, daß man mir einen Posten geben muß, der meinem Dienstalter entspricht und meiner gesellschaftlichen Position als bedeutendster Mitarbeiter meines Bereichs.

PHOSPHORESZIERENDE FRAU Genosse, ich weise niemandem Posten zu, ich bin nur hier, um zu überzeugen. Bestimmt wird man mit Ihnen verfahren, wie Sie es verdienen.

TRIUMPHANSCHIKOW Inkognito? Verstehe. Aber unter uns, als mit gegenseitigem Vertrauen betraut, darf es keine Geheimnisse geben. Und ich, als älterer Genosse, muß Sie aufmerksam machen, daß Sie von nicht ganz hundertprozentigen Leuten umgeben sind. Fahrradkin raucht. Seltsamkow – trinkt, und bestimmt trinkt er seiner Phantasie entsprechend. Ich muß auch von meiner Frau reden, ich wage nicht, das vor der Organisation zu verheimlichen – eine Kleinbürgerin mit Neigung zu neuen Verbindungen und neuen Röcken, insgesamt zu dem, was man alte Lebensweise nennt.

PHOSPHORESZIERENDE FRAU Ja, was geht Sie das an? Dafür arbeiten die Leute...

TRIUMPHANSCHIKOW Was denn, was heißt dafür? Ich bin auch dafür, aber dafür trinke ich nicht, rauche nicht, gebe kein Trinkgeld, weiche nicht nach links ab, bin nicht unpünktlich. *Spricht ihr ins Ohr:* Gebe mich keiner Ausschweifung hin, lege die Hände nicht in den Schoß...

PHOSPHORESZIERENDE FRAU Sie sprechen über alles, was Sie »nicht, nicht, nicht«... Gibt es auch irgend etwas, was Sie »ja, ja, ja«?

TRIUMPHANSCHIKOW Ja, ja, ja? Natürlich, ja! Ich führe Direktiven durch, ich hefte Resolutionen ab, ich stelle Verbindungen her, ich bezahle Parteibeiträge, ich empfange das Parteihöchstgehalt, ich leiste Unterschriften, ich drücke Stempel auf. Na, einfach ein Winkel des Sozialismus. Bei Ihnen drüben geht wahrscheinlich die Zirkulation der Papierchen glatt, Fließband, he?

PHOSPHORESZIERENDE FRAU Ich weiß nicht, wovon Sie

reden, aber das Papier für die Zeitungen kommt natürlich glatt in die Maschinen.

Herein Pont Kitsch und Mesallianzowa.

PONT KITSCH Kche, kche!

MESALLIANZOWA Please, Sir.

PONT KITSCH Assejew, the Nilpferd, gib her Kredit, Gesicht zerhauen und Preise gefallen my Pfund Stundejschn…

MESALLIANZOWA Mister Pont Kitsch will sagen, daß er zu einem angemessenen staatlichen Preis, angesichts ihrer vollen Wertlosigkeit, alle Uhren aufkaufen kann, und dann wird er den Kommunismus anerkennen.

PHOSPHORESZIERENDE FRAU Klar auch ohne Übersetzung. Erst anerkennen – dann die Vorteile! Genossen! Kommen Sie rechtzeitig – genau zwölf Uhr geht der erste Zeitzug nach der Station Jahr 2030.

Sechster Akt

Seltsamkows Keller. Zu beiden Seiten der unsichtbaren Maschine hantieren Seltsamkow und Luschkin, Fahrradkin, Zweikin. Die Phosphoreszierende Frau prüft die unsichtbare Maschine anhand eines Plans. Dreikin bewacht die Tür.

PHOSPHORESZIERENDE FRAU Genosse Luschkin! Nehmen Sie normale Windschutzscheiben. Der Fünfjahrplan hat euch an Tempo und Geschwindigkeit gewöhnt. Der Übergang wird fast nicht zu spüren sein.

LUSCHKIN Ich wechsle die Scheiben. Nullkommafünf Millimeter. Unzerbrechlich.

PHOSPHORESZIERENDE FRAU Genosse Zweikin! Kontrollieren Sie die Federung. Sehen Sie zu, daß es in den Schlaglöchern der Feiertage keine Erschütterungen gibt. Das Dreischichtsystem hat uns mit seinem glatten Gang verwöhnt.

ZWEIKIN Wir kommen glatt durch, wenn nur unterwegs keine Wodkaflaschen rumliegen.

PHOSPHORESZIERENDE FRAU Genosse Fahrradkin! Achten Sie auf das Disziplinmanometer. Wer abgleitet, den schneidet und weht es weg.

FAHRRADKIN Keine Angst! Wir halten die Saiten straff!

PHOSPHORESZIERENDE FRAU Genosse Seltsamkow, fertig?

SELTSAMKOW Wir legen nur die Startlinie fest – und die Passagiere können einsteigen.

Ein weißes Band wird zwischen den Rädern der unsichtbaren Maschine ausgerollt.

FAHRRADKIN Dreikin, laß einsteigen!

Von vier Seiten strömen, mit Transparenten, den »Marsch der Zeit« singend, die Passagiere herein.

MARSCH DER ZEIT

Erheb dich, Lied,
flieg hoch, und weit,
Über dem Marsch
der Massen!
Die
Zeit
vor-
an!
Vor-
wärts
die
Zeit!

Vorwärts, mein Land,
schneller mein Land
das Alte
weg-
geblasen!
Vor-
wärts
die
Zeit!
Die
Zeit
voran!

Schreit aus, mein Land,
schneller mein Land,
die Kommune
pocht ans Tor!
Vor-
wärts
die
Zeit!

Die
Zeit
voran!

Als Prämie
für den Fünfjahrplan
sparen wir ein –
ein Jahr!
Die
Zeit
vor-
an!
Vor-
wärts
die
Zeit!

Land, streng dich an,
schneller mein Land
jetzt keine Pause: Spurt!
Vor-
wärts
die
Zeit!
Die
Zeit
voran!

Kommune vorwärts!
schlag zu Brei
den Alltag,
die Mißgeburt!
Die
Zeit
vor-
an!

Vor-
wärts
die Zeit!

Erheb, dich Lied,
flieg hoch, und weit,
über dem Marsch
der Massen!
Die
Zeit
vor-
an!
Vor-
wärts
die Zeit!

OPTIMISTENKO *löst sich aus der Masse, zu Seltsamkow:* Genosse, ich muß Sie vertraulich fragen: Gibt es ein Büfett mit Erfrischungen? Habe ich mir gedacht. Und warum ist das nicht durch Aushang bekanntgegeben? Na, macht nichts, zu trinken ist genug da, und mit dem Essen kommen wir hin. Besuchen Sie uns in unserem Abteil. Welches Plätzchen haben Sie?

SELTSAMKOW Stellen Sie sich neben mich. Schulter an Schulter. Keine Angst, daß Sie müde werden. Eine Drehung an diesem Rad hier – und in einer Sekunde...

TRIUMPHANSCHIKOW *kommt in Begleitung von Mesallianzowa:* Noch kein Abfahrtszeichen? Man kann es geben lassen. Gleich das zweite. *Zu Zweikin:* Genosse, bist du in der Partei? Ja? Aus reiner Freundschaft hilf mir mit den Sachen dort. Wichtige Dokumente, oi-oi-oi!!! Irgendwelchen parteilosen Gepäckträgern kann man das nicht anvertrauen, die tragen nur für Geld, aber dir, als aufgestiegenem Werktätigen – bitte, trag! Ich vertraue es dir an! Wo ist hier der Hauptkoordinator für den Einstieg? Wo ist mein Abteil? Ich schlafe natürlich unten...

PHOSPHORESZIERENDE FRAU Die Zeitmaschine ist noch nicht

mit allem ausgestattet. Sie, als die Pioniere der neuen Beförderungsart, müssen gemeinsam stehen.

TRIUMPHANSCHIKOW Was heißt hier Pioniere? Das Pioniertreffen[35] ist vorbei, und ich bitte, mich nie wieder mit Pionieren anzuöden! Die Kampagne ist durchgezogen! Ich werde einfach nicht fahren! Weiß der Teufel, was das soll! Man muß endlich lernen, einen alten Gardisten zu schonen, oder ich trete aus der Garde aus. Außerdem verlange ich eine Entschädigung für nicht wahrgenommenen Urlaub! Mit einem Wort, wo ist mein Gepäck?

Zweikin schiebt einen Karren[36] mit zusammengeschnürten Aktenbündeln, Hutschachteln, Aktentaschen, Jagdgewehren und Mesallianzowas Schrankkoffer. In den vier Ecken des Karrens vier Jagdhunde. Hinter dem Karren Belvederski mit Koffer, Malkasten, Pinseln, Porträt.

PHOSPHORESZIERENDE FRAU Genosse, was ist das für ein Warenhaus?

OPTIMISTENKO Nicht doch. Ein ganz kleiner Wohlstandsansatz.

PHOSPHORESZIERENDE FRAU Wozu brauchen Sie das? Lassen Sie wenigstens einen Teil hier.

OPTIMISTENKO Natürlich, Genosse, schicken Sie es per Post nach.

TRIUMPHANSCHIKOW Ich verbitte mir Bemerkungen! Hängen Sie sich eine Wandzeitung auf, und machen Sie dort Bemerkungen. Ich muß Rundschreiben vorweisen, Freifahrkarten, Kopien, Thesen, Zweitkopien, Korrekturen, Auszüge, Auskünfte, Karteikarten, Resolutionen, Rechenschaftsberichte, Protokolle und weitere berechtigungsnachweisende Dokumente für zumindest diese realen Hunde. Ich hätte einen Sonderwaggon anfordern können, aber ich verlange ihn nicht, gemäß meiner Bescheidenheit im persönlichen Leben. Vergessen Sie nicht die Politik auf weite Sicht.[37] Das wird auch Ihnen sehr, sehr nützlich sein. Sobald ich das Personal dazu habe, führe ich das Bürowesen im Weltmaßstab ein. Sobald das Personal aufgestockt wird, erweitere ich den Maßstab ins Interplanetarische. Ich hoffe, Sie wollen nicht den Planeten entbüroisieren und desorganisieren?

OPTIMISTENKO *zur Phosphoreszierenden Frau:* Widersprechen Sie nicht, Bürgerin. Schade um den Planeten.

PHOSPHORESZIERENDE FRAU Beeilen Sie sich wenigstens!

TRIUMPHANSCHIKOW Ich bitte, sich nicht in meine Kompetenz einzumischen! Das ist zuviel! Ich bitte, nicht zu vergessen – das sind meine Leute, und solange ich nicht abgelöst bin, bin hier ich der Hauptobernatschalnik. Ich habe es satt! Ich werde mich beschweren, und zwar bei allen über sämtliche Handlungen entschieden aller, sobald ich erst am Ruder bin. Aus dem Weg, Genossen! Stellen Sie das Gepäck hierher. Wo ist die Aktentasche aus hellgelbem Kalbsleder mit Monogramm? Optimistenko, laufen Sie! Keine Aufregung, man wird warten! Ich halte den Zug auf[38] aus Gründen staatlicher Notwendigkeit, nicht wegen Lappalien.

Optimistenko stürzt los, ihm entgegen Polja mit der Aktentasche.

POLJA Bitte, zisch nicht! Ich habe zu Hause aufgeräumt, wie du mir aufgetragen hast – ich gehe sofort zurück und mache weiter. Ich merke – du hast was vergessen. Ich denke – was Wichtiges! Zum Lachen! *Gibt ihm die Aktentasche.*

TRIUMPHANSCHIKOW Ich nehme die Tasche und nehme zur Kenntnis. Daran muß man eher denken! Das nächste Mal werde ich das als Verletzung und Schwächung der ehelichen Disziplin betrachten. Begleitpersonen, verlassen Sie den Zug! Leb wohl, Polja! Sobald ich mich eingerichtet habe, schicke ich dir ein Drittel von irgendwas entsprechend der Praxis der Gerichte und bis zur Reform der veralteten Gesetzgebung.

Pont Kitsch herein, bleibt stehen.

MESSALLIANZOWA Please, Sir!

PONT KITSCH Dieb frech gehauen von Linde Jasmin, gib her spuckt Fahrcards...

MESALLIANZOWA Mister Pont Kitsch will sagen und sagt, er ist ohne Fahrausweis, weil er nicht wußte, welcher erforderlich ist, ein Parteiausweis oder eine Eisenbahnfahrkarte, daß er jedoch bereit ist, in jeden beliebigen Sozialismus hineinzuwachsen, wenn dabei sein Einkommen steigt...

OPTIMISTENKO Please, please Sir. Unterwegs werden wir uns einigen.

IWAN IWANOWITSCH Willkommen! Gruß Ihnen sowie Ihren und unseren Errungenschaften. Noch eine letzte Anstrengung – und alles ist ausgemerzt. Haben Sie den Sozialismus gesehen? Ich werde gleich den Sozialismus sehen – erstaunlich interessant.

TRIUMPHANSCHIKOW Und so, Genossen... Warum und wobei sind wir stehengeblieben?

STENOTYPISTIN Bei »Und so, Genossen...«

TRIUMPHANSCHIKOW Jawohl! Ich bitte ums Wort! Ich nehme das Wort! Und so, Genossen, erleben wir jetzt jene Zeit, da in meinem Apparat ein Zeitapparat erfunden worden ist. Dieser Apparat der befreiten Zeit ist gerade darum in meinem Apparat erfunden worden, weil es in meinem Apparat beliebig viel freie Zeit gab. Den wirklichen bewegenden Moment charakterisiert, daß er ein stehender Moment ist. Und wie im gegenwärtig stehenden Moment unbekannt ist, wo der Anfang endet und wo das Ende anfängt, werde auch ich zu Anfang das Schlußwort sprechen und dann die Einleitung. Ein wunderbarer Apparat[39] – der Apparat, ein froher Rat für mich und meinen Apparat. Froh sind wir darum, weil, wenn wir einmal im Jahr Urlaub machen und das Jahr anhalten, wir jetzt jedes Jahr zwei Jahre Urlaub machen können. Und umgekehrt, gegenwärtig bekommen wir an einem Tag im Monat Gehalt, aber wenn wir den ganzen Monat an einem Tag ablaufen lassen, können wir den ganzen Monat jeden Tag Gehalt bekommen. Und so, Genossen...

STIMMEN Nieder!
Schluß!

Ab ohne Gebete!
Seltsamkow, schalt ihm die Zeit weg!
Seltsamkow dreht an Triumphanschikow. Triumphanschikow gestikuliert weiter, ohne daß man ihn hört.

OPTIMISTENKO Für meine Person nehme ich das Wort im Namen aller Personen und sage Ihnen direkt und persönlich, ohne Ansehen der Person, daß es uns egal ist, welche Persönlichkeit an der Spitze der Institution steht, weil wir nur die Persönlichkeit achten, die eingesetzt worden ist und steht. Aber, ohne persönlich zu werden, sage ich: Was jeder Person hier angenehm ist, das ist wiederum Ihre angenehme Person. So überreiche ich Ihnen im Namen aller Personen diese Uhr, indem diese gehende Uhr gerade zu Ihnen persönlich passen wird, als einer Persönlichkeit, die an der Spitze...

STIMMEN Nieder!
Streut ihm Salz auf die Zunge!
Dreh ihm den Saft ab, Seltsamkow!
Seltsamkow schaltet Optimistenko aus. Auch Optimistenko gestikuliert weiter, ohne daß man ihn hört.

PHOSPHORESZIERENDE FRAU Genossen! Mit dem ersten Signal fliegen wir vorwärts und zerreißen die altersschwache Zeit. Die Zukunft nimmt jeden auf, den wenigstens eine Eigenschaft mit dem Kollektiv der Kommune verbindet – Freude an der Arbeit, Opferbereitschaft, unermüdlicher Erfindergeist, Stolz, der sich als Menschlichkeit zeigt. Steht fester zusammen, näher einer zum anderen. Die fliegende Zeit fegt und reißt allen Ballast weg, der schwer ist von altem Plunder und ausgehöhlt von Unglauben.

TRIUMPHANSCHIKOW Geh weg, Polja!

DUNKELMANKO *kommt gelaufen, wird verfolgt:* Wenn ich es bloß bis zum Sozialismus schaffe, dort wird man schon damit klarkommen.

MILIZIONÄR *holt ihn ein, pfeift mit der Trillerpfeife:* Halt!!!
Dunkelmanko und Milizionär springen in die Maschine.

PHOSPHORESZIERENDE FRAU Drei, zwei, eins!

Feuerwerksexplosion. »Marsch der Zeit«.
Dunkelheit. Auf der Bühne Triumphanschikow, Optimistenko, Belvederski, Mesallianzowa, Pont Kitsch, Iwan Iwanowitsch, Momentanikow, vom Teufelsrad der Zeit abgeworfen und hingestreut.

OPTIMISTENKO Aussteigen, wir sind da!

TRIUMPHANSCHIKOW Polja, Poljetschka! Befühle mich, untersuche mich von allen Seiten. Es scheint, ich bin von der Zeit überfahren. Polina...! Sie haben sie mitgenommen?! Aufhalten, einholen und überholen! *Sieht auf die geschenkte Uhr.*

OPTIMISTENKO Geben Sie her, geben Sie die Uhr her, Bürger! Bestechungsgeschenke als solche passen nicht zu Ihrer Person, insofern ich persönlich im Namen aller ein ganzes Monatsgehalt in diese Uhr investiert habe. Wir finden eine andere Persönlichkeit, der wir Uhren überreichen und die wir ehren werden.

IWAN IWANOWITSCH Wo man den Wald abholzt, fallen Späne. Kleine... große Mängel des Mechanismus. Man muß gehen und die sowjetische Öffentlichkeit heranziehen. Erstaunlich interessant!

TRIUMPHANSCHIKOW Künstler, erfasse den Moment, gestalte einen lebendigen Menschen im Zustand tödlicher Beleidigung!

BELVEDERSKI Nei-i-in! Ihre perspektivische Verkürzung ist irgendwie nicht mehr die richtige. Auf ein Modell muß man schauen wie ein Frosch auf einen Balkon. Bei mir klappt es nur mit der Kunst, wenn ich von unten nach oben blicke.

TRIUMPHANSCHIKOW Unerhört! Genosse Momentanikow, eröffnen Sie eine breite Kampagne!

MOMENTANIKOW Exzellenz, befehlen Sie?
Dazu sind Sie jetzt zu klein.
Wenn Sie wieder o-ho-hoben sitzen,
werden wir zu Diensten sein.

TRIUMPHANSCHIKOW *zu Mesallianzowa:* Gut, gut. Sollen sie ohne Führer und Segel[40] schwimmen. Ich ziehe mich ins

Privatleben zurück, um meine Memoiren zu schreiben. Komm, ich gehe mit dir, dein Triumphnäschen!

MESALLIANZOWA Ich habe schon ein Näschen, sogar eine Nase, und sogar eine ziemlich lange. Weder den Sozialismus können Sie befriedigend erbauen, noch eine Frau. Ach Sie impo... sante Figur Sie!
Good bye, adieu, Aufwiedersähn, doswidanja!!!
Please, my Pontchen, my Kitschchen! *Ab mit Pont Kitsch.*

TRIUMPHANSCHIKOW Und Sie – und Sie – und der Autor – was wollen sie damit sagen? Etwa, daß solche wie ich im Kommunismus nicht gebraucht werden?

Losungen für die Aufführung von »Schwitzbad«

Die Losungen schrieb Majakowski kurz vor der Premiere von »Schwitzbad« im Staatlichen Meyerhold-Theater. Für einige benutzte er (größtenteils in veränderter Form) Strophen aus seinen Gedichten »Marsch der Stoßbrigaden«, »Marsch der fünfundzwanzigtausend«, »Alarm«. »Nicht alles ist Gold, was rentabel ist«. Angebracht waren die Losungen auf der Bühne (an Tafeln, die im ersten und zweiten Akt den unteren Teil der Konstruktion verdeckten) und auf Stoffbahnen im Zuschauerraum (an den Wänden des Parterres und an den Fronten von Beletage und Balkon).

LOSUNGEN IM ZUSCHAUERRAUM

Stell Scheinwerfer auf,
daß die Rampe Licht hat.
Dreh auf,
daß die Handlung
fliegt ohne Rast.
Das Theater ist
kein widerspiegelnder Spiegel,
sondern
ein scharfes
Vergrößerungsglas.

Mit starken Mitteln
muß man kurieren.
Fort
das interne Geflüster bei Tisch.
Nehmt
gegen kleine innere Störungen
die innere Medizin
der Selbstkritik.

Einige sagen:
»Ein gutes Schauspiel –
doch
unverständlich
den breiten Massen.«
Den Herrendünkel
laßt endlich
zu Hause,
um euch
von der Masse
was sagen zu lassen!

»Die Komödie
ist unnahmebar
in dieser Form.«
Sagt wer
kopschüttelnd
rechts-links und zurück.
Verehrter
Genosse Oberzensor,
gehn Sie
nicht zum Schluß,
sondern vom Anfang ins Stück.

Wenn die Weißen
zum Angriff
der Hafer sticht,
wie sie einst
gegen Moskau
antraten,
wird in unserm Theater
jeder Artist
für die Kommune
zum Soldaten.

Schätzt hoch
die Kunst,
welche füllt die Kassen;
doch die Kunst,
die vom Sturm
des Oktobers glüht heiß,
die Kunst, die glänzt als Waffe
der Klasse,
überlaßt
den Feinden
um keinen Preis!

Interlinearübersetzung der nicht in Versen übertragenen Losungen:

LOSUNGEN AUF DER BÜHNE

1 Nieder
mit den Hohepriestern der Kunst,
den mit Haaren dicht zugewachsenen.
Künstler sind die,
die in Arbeiterreihen
mit einem Lied
den Kommunsimus bauen gehen.

2 Für eine kleine Kommune
geben wir weg
die beiden allergrößten GOTOBS.[41]

3 Nicht dafür sind
der Theater
steinerne Kolosse,
um Kammergeheul[42]
zu züchten.
Schütteln wir

die Individuen
aus den Priestertalaren.
Komm, Kunst,
aus der Masse
und für die Massen.

4 Versteckt euch, Psychologierer,
in Wohnungskäfige.
Das Theater
ist eine Arena
für die Propagierung des Fünfjahrplanes.

5 Ich und du,
wir beide
werden den Sozialismus bauen,
indem wir Staatsanleihe zeichnen.

6 Auf das stählerne Pferd
setze dich sicher!
Keuch
auf dem Dorf,
großer Traktor!
Vorwärts, 25!
Vorwärts 25!
Stählerne
Arbeitertausende!

7 Donnere auf dem Theater,
geh durch Gedichte,
glänze
mit plakatenen Strichen:
von Stoßbrigaden
zu Stoßfabriken
von Fabriken –
zu Stoßbetrieben.

8 Kommunehäuser
an Stelle der Hütten!
Gegen Massenaktionen
tauscht die MCHATS![43]

9 Vorwärts
mit ununterbrochenem
vollen Gang.
Erfüllen wir
den Fünfjahrplan
in vier Jahren!

LOSUNGEN IM ZUSCHAUERRAUM

10 Die rechte Kunst greift dich an.
Vereinigt euch, Arbeiter der proletarischen
Kunst!

11 Entlarvt
gleichzeitig
die rechten Machenschaften
und
die linke Phrase.

12 Nieder mit Requisiten-Klamotten und Müll.
Gestalte das Leben um, Kommunist-Regisseur!

13 Die Kommune baut sich schwer und zäh.
Den Erbauern zu Hilfe die Feder des Dramatikers!

14 Mit einemmal
ist nicht auszudämpfen
der Bürokraten
Schwarm.
Es reichen
weder die Schwitzbäder
noch die Seife.

Aber immer noch
hilft den Bürokraten die Feder
der Kritiker –
vom Schlage Jermilows[44] ...

15 Jeden Bürokraten
dämpfe
und reinige durch
sowohl der Besen des Arbeiters
als auch der Pinsel der Kunst.

16 Enthusiasmus,
breite dich aus und dauere!
Fabriken –
glänzt regenbogenhafter!
Heute
wird der Sozialismus
gebaut –
der lebendige,
wirkliche,
wahrhafte.

17 Bekackt das Theater nicht mit sabbernder Psychologiererei!
Theater, diene der kommunistischen Propaganda!

19 Der Klassiker
volle Hände fassend
sieh
aufmerksamer
die Blättchen durch,
daß nicht
über das MCHAT
irgendein Graf[45]
losläßt

auf die Republik
Mystik.

21 Geschlagene
goldpaulettete Bande,
still
in Paris
leck dir den Schwanz.
Die unbesiegbare
Erste Reiter(armee)
kann kürzer machen
die Obersten-Länge.

23 Wenn der Kampf ertrinkt,
in Papierchen versinkend,
stellt den Kampf mit den Bürokraten
auf die Beine.
Lassen wir nicht zu,
daß wegen irgendwelcher
Bürokraten-Dummköpfe
sich verschlechtert
die Qualität der Metallbarren.

26 Stumpft ab,
Spitzen
der Komödien-Ahlen,
die Komödien
sind in schrecklicher Gefahr –
nach Noten
brachte alle Komödianten
zum Lachen
der Komiker –
der römische Papst.[46]

LOSUNGEN FÜR DIE SPRUCHBÄNDER DES FINALES[47]

28 Hack dem Kapital Wurzeln und Zweige ab!
Zum Dreischichtensystem Leitungen und
Transmissionsriemen!
Flieg zum Sozialismus im Fünfjahresplan
in unserer Zeitmaschine!

29 Schreite, Land, schneller, Land,
die Kommune ist vor den Toren.
Vorwärts, Zeit!
Zeit, vorwärts!

Satiren 1928–1929

Idylle

Die Revolution ist zu Ende.
Richte dich ein!
Riesle
als murmelndes Wasser.
Und es ging
der sowjetische Kleinbürger
sich beruhigen
und anzuschaffen.
Die weißen
Tapeten
braun –
Staub in Schichten,
Fliegendreck,
und auf Ruß
und Küchenrauch
hat man
Harry Piel
gezweckt.
Reifes
Kürbisfrüchtchen,
zärtlich,
wirft
die Birne
Licht in Schuppen.
Es riecht sauer,
es riecht klebrig
von den Windeln
und den Suppen.
Eng zum Waschen,
eng zum Kochen,
denn man hat
das Kind, das dritte –
schon
im Zentrum

hat versprochen
Wohnung die
Kooperative.
Mit Papa
besehn
die Kindchen
die »Niwa«
mit rotem Stern.
»Das, Kinder,
ist Clara Zetkin,
die Tante ist
von der Komintern.«
Äuglein bohren,
Fotos schlingend,
stundenlang
die Seiten
wehn.
Und es fragt
den Papa
Fijka:
»Zetkin,
ist das eine Fee?«
Brüderchen Pawlik
faucht:
»Pfui, wie
unmarxistisch diese Fijka!
Wo der Kommissar
sagt, daß die
Feen man längst annulliert hat!«
Und der Samowar
pfeift zischend,
eine Platte
kreischt Romanzen.
Zwei
bekannte Kommunisten
treten ein

zur Preferance.
»Vierzig, Joker...
Herz...
und Pique...«
Das Ritual
wird voll erfüllt.
Stumm vom Wandbrett
sehn
das Glück
drei Stück
porzellanenes Wild.
Gut versorgt
mit Schlaf
und Futter
kräuselt Rauch
der Herd
intim...
Und zufrieden
mit dem DOMKOM[48]
ist ER
und ist es mit ihm.
Die Revolution ist nicht zu Ende.
Das häusliche Muhen
deckt zu
der nahenden Schlacht
Geheul...
Auf Samowarrohren
blasen
Salut
die Herren Kleinbürger
dem
anrollenden Feind.

(1928)

Wer ist er?

Wer fliegt,
wer reitet
so jung und eilig,
dem Wasser verfeindet,
ein Gegner der Seife?
Als wären sie
Schinken, mitten halbiert
sind die dreckbraunen Backen
unrasiert.
Es stinkt
und ist schwärzer als ein Sumpf
der von Zahnbürsten
nie berührte Mund.
Die Mähne
verwandt
einer Grube Müll,
im Haar
Papierfetzen,
Sägemehl;
in der Blusenfalte
mit rötlichem Kranz
fand ihr Grab
eine entschieden zerdrückte Wanze.
Von dreijährigem Schweiß
ein murmelnder Quell
hat den ganzen Kragen
zerschabt und verklebt.
Wer fliegt,
wer reitet
und faßt nach der Hose,
die nur
an einem Ehrenwort hängt?
Entkommen der Pflicht,
schwänzeln hinter ihm
lose

die Hosenträger
in voller Länge.
Wer fliegt,
wer reitet
voll Wut und Spaß
auf dem Fahrweg,
in Umgehung des Trottoirs?
Wer rast
ohne Hinsehn
durch Matsch und Dreck,
qualmend
und spuckend
auf dem Weg?
Wer fliegt,
wer reitet
als geflügeltes Wesen,
mit Schwerlastflüchen
rammend,
was kommt entgegen?
Wer fliegt,
und reitet,
und jagt,
und rennt?
Die Antwort
ist kürzer,
als Pulver brennt,
die Antwort
leg ich
auf den Teller schon:
da fliegt
der Genosse Referent
zum Disput
über die Kulturrevolution.

(1928)

Die Erfinder-Siebentagewoche

Genossen,
mein
pädagogisches Dichten
ist Sie
zu lehren
parat.
Sie müssen
folgendes
erfinden,
Apparat um Apparat.
Erstens
ist dieses
Projekt aufzunehmen:
aus Hebeln
und Schräubchen
Stück um Stück
erfindet einen
starken
ELEKTRO-ENTHEMMER
für
die Hemmer der Selbstkritik.
Zweitens,
auf Pauspapier,
groß wie ein Tender,
entwerft,
und zwar eiligst,
dann den
patentierten
OHRENSELBSTWENDER
zum Drehen
der Ohren
der Beamten.
Drittens,
kombinierend

auf neue Weise
ein System
von Hebeln und Automaten,
erfindet
den MECHANOSELBSTRAUSSCHMEISSER
für das
Rausschmeißen von Bürokraten.
Viertens,
daß nicht
die Energie der Massen
ersetzt wird
durch Altspezialisten-Gleichungen,
erfindet
und baut
einen KOM-SEH-PASS
zum Erkennen
von Führungs-
Abweichungen.
Fünftens,
verbindend
elektrischen Strom
mit einer
passenden
Rohrleitung,
erfindet
eine spezielle
Kanalisation
zum Abführen
von Kanzlei-Geschreibsel.
Sechstens:
macht
»Morgen!«-Gewäsch
euch Qual,
erfindet,
den Chefs
die Bürde zu nehmen,

einen
ANTIAMTSSCHIMMELAPPARAT
zum Auszahlen
der Erfinder-
Prämien.
Siebentens,
denkt nach,
auf der Vortreppe sitzend,
und denkt aus,
seid ihr danach heller,
wie man bringt
in Büros
freundliche Gesichter,
wenn
erscheint
ein Erfinder-Bittsteller.
Habt ihr erfüllt
meinen
anleitenden Vers,
geht
in Verwaltungen,
höhere und mindere:
erfunden werden
kann,
was ihr wollt, und mehr:
gelobt werden
wird
der Erfinder.

(1929)

UPAS
(Poem über das Erfinderwesen)

Wer fliegt,
wer reitet,
wer klettert und fährt
rasender als
im Wahnsinn ein Briefträger?
Wer fliegt,
wer reitet
ohne Trinken und Essen –
Bittsteller
auf allen
Sitzungsplätzen?
Wer fliegt,
wer reitet
und quetscht sich gehetzt –
und stolz
vorbei an ihm
segeln die Chefs?
Wer ist das,
der dort,
jedem zur Last,
in den Beeten der Bürger
Unkraut?
Ein armer Verwandter?
Entlaufen vom Knast?
Ein Bürgerrechtsloser?
Pestkranker?
Unhold?
Bemüht euch nicht –
der Fall ist unratbar
wohin
ihr die Phantasie auch wendet.
So
durchschreitet

seine Jahre
der sowjetische Erfinder.
Mit der Stirn
durchschlägt er
Türen in Serie.
Federn spicken ihn,
wie einen Raben.
Mit einer
zugeknallten
Tür ist er fertig –
und wieder
eine Türbarrikade.
Tanzt
durch die Instanzen,
Voranschlag und Plan!
Die Instanzen sind,
scheints,
überstanden –
doch hinterm
Montblanc
steht auf ein Montblanc
von aberfünfzig Instanzen.
Er ging
als Säugling und als Kind,
er ging,
im Antlitz ein Bärtchen,
er ging noch grau…
Und ging
und ging,
»und starb,
ein Sklave, arm,
im Dienst
des unbesieglichen Fürsten«.
Wer sind die »Fürsten«?
Die Antwort ist alt:
Die wirtschaftenden

Beamten.
Und kann man nicht
von der Wirtschaft bald
sie
hundert Gouvernements weit
verbannen?
Solln
im Eisozean eben
sie als giftiger Upas
leben.

(1929)

Wer von ihnen?

Genossen
waren sie beide
nach Herkunft,
nicht nach dem Rang.
In Uniformfetzen
verbringend die Tage,
knurrten
zu zweit
sie mit einem Magen
und schlugen
zu zweit
sich vor Kronstadt.
Der Sonnenaufgang
kam
rosafarben.
Und in den Tagen
des Bauens
und Schmiedens
führten

Aufträge
verschiedener Art
die zwei an zwei Enden, verschiedene.
Im Arbeiter-
viertel
der erste schuftete,
wo sich Wahrheit
und Lüge
verwoben;
wo Stöhnen
und Tonnen
liegen auf dem Buckel
der Übergangsperiode.
Als geschickter
der zweite
erwies sich.
Wie Teig
knetet er sich
in Form.
Er schlich
und schmeichelte,
kroch
und kroch bis
zum Stuhl
eines Trust-Direktors.
Der erste
wandzeitungt –
Kritik unterdrückt!
Und der Teufel
hat ihm
die Feder gezückt –
wie nichts
wischte man ihn weg.
Und der erste
nach ein, zwei Monaten
tritt

zum zweiten
ins Kabinett.
»Genosse...
wie lange wir...
Sommer und Winter...
Seite an Seite...
Grüß dich!«
Beim zweiten
der Blick
rutscht weg wie auf Skiern.
Er sitzt
wie ein Hofköter tückisch.
»Gefeuert, Bruder...
wofür? –
ich begreifs nicht.
Soll ich im Zirkus
seiltanzen.«
»Genosse,
das
ist nicht Sache meines
Kommissariats
und seiner Instanzen.«
»Der Wahrheit,
Bruder,
hilf du, nicht mir,
beiß
in die Mißwirtschaft
den Kiefer.«
Doch der zweite
fletscht
den gespitzten Stift
und antwortet
unwillig schniefend:
»A-ja-ja!
Protektion brauchst du.
Klarer Wein!«

Welk wird
selbst der Stein
vor Wut.
»Wie kann man,
ohne
Protektion
erscheinend,
Protektion wollen?
Ich habe zu tun.«
Mit den Augen
hoheitsvoll
gräbt er im Grund,
der papierene Schatz
glänzt gelblich.
»Genosse,
kein Wort!
Ich sagte, und…
bitte
nicht wieder
unangemeldet!«
Über Stein
der Junge
treppabwärts
lief.
Bis unten bespuckt
und vernichtet.
»Gesetzt, Brüder,
er ist
Kommunist –
und wer, Genossen,
bin ich denn?«
In Gedanken
die Nacht
durchstreift er als Schatten;
und von fern,
hell, unterdessen

nahm aufs Korn
und ging zu auf die Verwaltung
des Sonnenreinigers
Besen.

(1929)

Anmerkungen

Die Übersetzung folgt dem Text der letzten sowjetischen Majakowski-Gesamtausgabe (Wladimir Majakowski, Sämtliche Werke in dreizehn Bänden, Moskau 1955–1961). Kürzungen sind nicht vorgenommen, Varianten nicht berücksichtigt. In wenigen Fällen, wo das Verständnis es forderte, wurden Namen ergänzt (etwa Alexei Maximytsch Gorki statt Alexei Maximytsch) oder durch Begriffe ersetzt, für die sie standen. Für Majakowski redende Namen wurden – da vollständige Eindeutschung den Schauplatz der Handlung verwischt, unveränderte Übernahme Majakowskis Absichten für den deutschen Zuschauer unerkennbar gemacht hätte – deutsche Äquivalente mit russischen Endungen versehen. *R.K.*

DIE WANZE

Originaltitel: *Klop*
Untertitel bei Majakowski: *Feeritscheskaja komedija.* Die Fügung ist durchaus ungebräuchlich. »Feerie« ist im Russischen wie im Deutschen ein Fremdwort aus dem Französischen, doch läßt sich im Deutschen davon kein Adjektiv bilden. »Feerie-Komödie« würde m.E. nur als Druckfehler von »Ferien« mißverstanden. Daher mein Vorschlag »Märchenzauber-Komödie«; Lexika und mehrere befragte Gewährsleute wußten nichts Besseres.

Das Personenverzeichnis ist bei Majakowski ziemlich nachlässig behandelt. Nicht aufgeführt sind:
aus 1: die elf Fliegenden Händler;
aus 2: Putzmann und Arzt; die sechs Jungen Männer, der Schlosser und das Junge Mädchen sind wahrscheinlich mit »Studenten« gemeint, es gab damals ein Studium bei voller Produktionsarbeit;
aus 3: Gast, Brautvater und Brautmutter;
aus 5: Alter und Junger Mechaniker;
aus 6: die sechs Ärzte.
Der *Natschalnik* aus 4 heißt im Personenverzeichnis *Brand-Meister.*

Streureikin – Roy Geigin: für Prisypkin (von prisypatj = streuen, z.B. Puder auf eine Wunde, Sand über etwas). Der Name ist nicht so selten und könnte original stehenbleiben, machte Majakowski nicht ein Wortspiel: Prisypkin nennt sich um in Pierre Skripkin; Skripkin von skripka = Geige.
Soja Birkina: für Zoja Bereskina (von beresa = Birke).
Die Namen der Friseurfamilie stehen so bei Majakowski, nur ist bei Renaissance, das russisch rennesans geschrieben wird, aus dem doppelten n ein einfaches gemacht, was Majakowski, falls überhaupt Absicht vorlag, für witzig gehalten haben mag.
Oleg Harmonikajan: für Oleg Bajan (bajan: Knopfziehharmonika). Vielleicht liegt eine ferne Anspielung vor auf den Begründer der Kiewer Rusj, den Großfürsten Oleg, der von einem Sänger namens Bojan besungen wurde.

1 Bei Majakowski »rabotajut« = es arbeiten.
2 *Cóty:* Majakowski gibt ausdrücklich die falsche Betonung.
3 *»im Preis inbegriffen«:* Harmonikajan erbietet sich, die Einkäufe ohne Aufpreis zu tragen, d.h. er ist von Rosalia Pawlowna engagiert.
4 *Rjabuschinski:* Bei Majakowski »den Herrn Rjabuschinski«. R. war ein in Rußland sehr bekannter Fabrikbesitzer.
5 *Griechen:* Bei Majakowski »aber nicht diese vertierten Wähler/ Zustimmer der Venizelosse«. Venizelos (1864–1936) war laut Anm. der Akademieausgabe ein bekannter griechischer bourgeoiser Politiker und mehrmals Ministerpräsident.
6 *Putzmann:* für »uborschtschik«, Neubildung zu »uborschtschiza« = Putzfrau, Reinemachefrau.
7 *MacDonald:* Laut Anm. der Akademieausgabe englischer Labourführer (1866–1937), mehrmals Ministerpräsident.
8 *Lasallewitsch:* für Lasaltschenko. Die Anspielung auf Lasalle würde m.E. bei unveränderter Übernahme verlorengehen.
9 *Beethoofen! Schakespeahre!:* Auch bei Majakowski mit falscher Aussprache.
10 *Iwanytsch:* für Botschkin (von botschka = Faß), entfernte Klangähnlichkeit von Bajan und Botschkin; Botschkin soll vielleicht Bajans eigentlicher Familienname sein.
11 *Undruckbares ausdrücken:* für wyrashatsja = sich ausdrücken, vulgär fluchen.
12 *Beethofen! Schaljapin!:* Schaljapin für »Karaminski«, über den die Akademieausgabe nichts anmerkt; ich vermute einen Romanzensänger oder -komponisten.
13 *Repertoire:* für »une petite histoire« (frz.: eine kleine Geschichte), was dann als »Pissoir« mißverstanden wird.

14 *Im Bett/nie/Becher und Preißler lesen!:* Bei Majakowski: Zum Einschlafen/lest nicht/Nadson und Sharow!
Nadson – den Symbolisten nahestehender schöngeistiger Dichter, der Anfang des Jahrhunderts viel Publikum hatte. Sharow – die Akademieausgabe merkt nur an: geb. 1904, sowjetischer Dichter. [Anm. d. Red.: *Becher und Preißler:* Vom Übersetzer Rainer Kirsch als Entsprechung für die DDR-Literatur eingesetzt.]

15 *Radio Jerewan:* für »armawirski literaturny ponedelnik«.

16 *Türkischer Pionier:* für »kabulski pioner«.

17 *Karneval, Kaffee, Karrierismus, Krawattenzwang, Kawerin:* für »Bürokratismus, Gottsuchertum, Kringel (Gebäck), Bohéme, Bulgakow« – alles Wörter mit dem Anfangsbuchstaben B (zu »busa« = Krawall).

18 *Im Altertum lebten Stradivarius und ein der Sprache nicht mächtiger Volksstamm namens Schlagersänger...:* für: »Im Altertum lebten Stradivarius und Utkin, Stradivarius machte Geigen, und das hat Utkin gemacht, und genannt wurde es Gitarre.« Die Akademieausgabe merkt an: »Utkin, I. P. (1903–1944) – sowjetischer Dichter, sein Gedicht ›Gitarre‹ erlangte Popularität bei einem Teil der Jugend jener Jahre. Als er auf einer Versammlung des Allunionsschriftstellerverband im Herzen-Haus am 28. Dezember 1928 auftrat, sagte Majakowski: ›Es hat zwei berühmte Namen gegeben: Stradivarius und Utkinarius. Einer hat Geigen hergestellt, und der andere hat Gitarren hergestellt. Warum soll ich die Herstellung von Geigen und Gitarren für mein künstlerisches proletarisches Bewußtsein charakteristisch finden?‹« – Des fehlenden Kontexts wegen mußte ich eine umständliche Umschreibung versuchen.

19 *Der gelben Pest:* für »trechgornoi tschumy« (etwa »der dreibergigen Pest«), laut Akademieausgabe eine Anspielung Majakowskis auf »trechgorny piwowarennyi sawod«, eine Moskauer Bierbrauerei.

20 WANZUS NORMALIS: Bei Majakowski »klopus normalis«. Die »korrekte« latinisierte Form wäre deutsch also WANZA NORMALIS, doch würde WANZA wohl nicht als Latinisierung empfunden.

Losungen für die Aufführung von »DIE WANZE«

I

Glatzen runzeln sich,
                                        Zwerchfelle tanzen
bei Meyerhold
                              in der Komödie DIE WANZE.

2
Bürger!
auf
in die Aufführung WANZE.
An der Kasse
steht
die Menge Schlange.
Bloß
ärgre dich nicht,
mußt du das Vieh anhörn.
Gemeint bist nicht du,
sondern bloß die andern.

SCHWITZBAD

Originaltitel: *Banja*

Zu den Namen:
Pobedonossikow (von pobeda, Sieg, und nositj, tragen, bringen, mit dem Diminutivsuffix ik; der Name enthält außerdem nosik, Näschen, und spielt möglicherweise auf den Reaktionär Pobedonoszew an, der um die Jahrhundertwende Oberprokurator des Heiligen Synods und jahrelang engster Berater des Zaren Nikolaus II. war) ist mit *Triumphanschikow* wiedergegeben, *Belwedonski* mit *Belvederski, Momentalnikow* mit *Momentanikow;* aus dem Veruntreuer *Notschkin* (etwa Nachtmann) wurde *Dunkelmanko,* aus *Welosipedkin Fahrradkin,* aus *Tschudakow* (von tschudak = seltsamer Mensch) *Seltsamkow,* aus *Foskin* (von franz. fausse = Lusche) *Luschkin,* aus *Dwojkin Zweikin,* aus *Troijkin Dreikin.* Die Stenotypistin heißt bei Majakowski *Underton,* nach einer heute kaum mehr bekannten Schreibmaschinenmarke. Die übrigen Namen sind belassen, wie sie waren.

Bei der Wiedergabe der Repliken von Pont Kitsch ist davon ausgegangen, daß der russische Zuschauer die, sicher mit englischer Intonation gesprochenen, Wortfolgen nichtsdestoweniger in ihrer russischen Bedeutung aufnimmt. Sie sind also ohne Berücksichtigung der teilweise zugrunde liegenden phonetisch ähnlichen oder gleichen englischen Wörter bzw. Satzbruchstücke übersetzt. Dafür sprach auch, daß Mesallianzowa in ihren Interpretationen, die ja keine Übersetzungen sind, gelegentlich die russische Bedeutung der Wörter aufnimmt und daß, geht man vom Englischen aus, ein bündigerer Sinn sich nicht herstellt. Auch läßt sich nicht für jedes Wort eine englische Grundlage beibringen, und wir haben, wenn wir etwa *perepertschil* (überpfefferte) mit *Peer Churchill* erklären wollten, für die Übersetzung nichts gewonnen.

Die Anmerkungen folgen der russischen Gesamtausgabe.

1 *Fahrradkin, leichter Kavallerist* (in der vorliegenden Übersetzung »von der Roten Kontrolle«): »Leichte Kavallerie« hießen freiwillige Gruppen von Komsomolzen, die den Organen der Staatlichen Kontrolle halfen, Unregelmäßigkeiten in der Arbeit von Institutionen und Unternehmen aufzudecken.

2 *Das heißt, ihr laßt die Schweiz verwanzen?:* Bekanntlich ist die Schweiz berühmt für ihre Uhrenindustrie.

3 *Wells, Herbert George* (1866–1946): Englischer Schriftsteller, Autor einer Reihe wissenschaftlich-phantastischer Romane, darunter »Die Zeitmaschine«.

4 *Kogan, P. S.* (1872–1932): Sowjetischer Literaturhistoriker und Kritiker, Präsident der Staatlichen Akademie für Kunstwissenschaften; Majakowski polemisierte häufig gegen ihn.

5 *Unsere Errungenschaften:* Anspielung auf die von A. M. Gorki begründete Zeitschrift »Unsere Errungenschaften«.

6 *Exzellenz, befehlen Sie!* Majakowski entnahm diese Verse etwas verändert der Komischen Oper »Kamorra« (Text: S. I. Mamontov; Musik: E. Esposito; erschienen Moskau 1902).

7 *Wolkenkratzer, »Iswestija«:* Sechsgeschossiges Gebäude auf dem Puschkinplatz in Moskau, wo sich die Redaktion der Zeitung »Iswestija« befand und befindet.

8 *Lunatscharski, Anatoli Wassiljewitsch* (1875–1933): 1917 bis 1922 Volksommissar für Bildung.

9 *MacDonald, James Ramsey* (1866–1937): Führer der englischen Labourpartei, war verschiedene Male Ministerpräsident.

10 *Churchill, Winston* (1874–1965): Englischer konservativer Politiker, gehörte zu den Organisatoren der militärischen Intervention gegen Sowjetrußland im Bürgerkrieg.

11 *Fordismus:* System der Arbeitsorganisation, eingeführt in den Betrieben des amerikanischen Kapitalisten Henry Ford.

12 *Parteisäuberung:* Gemeint ist die 1929 durchgeführte Säuberung der Partei und des Sowjetapparats.

13 *Louis Jacob:* Jacob war der Name einer Familie bekannter französischer Kunsttischlermeister (18.–19. Jh.), doch hieß keiner von ihnen Louis. Belvederski bezeichnet jeden Möbelstil als »Louis«.

14 *Gefängnis und Verbannung:* Die Zeitschrift der Allunionsgesellschaft ehemaliger politischer Zwangsarbeiter und Verbannter hieß »Zwangsarbeit und Verbannung«.

15 *Grünes Kap:* Kurort bei Batumi.

16 *Für sie unter jedem Blättchen:* Paraphrase auf Verse aus A. Krylows Fabel »Libelle und Ameise«.

17 *O Bajadere:* Aus der Operette »Die Bajadere« von E. Kálmán.

18 *Fjodor Fjodorowitsch:* Anspielung auf F. F. Raskolnikow, der 1929 zunächst den Posten des Vorsitzenden des Hauptkomitees für Repertoirekontrolle, dann des Hauptkunstkomitees innehatte.

19 *Zurück zu den Klassikern!:* Indem er Triumphanschikow diese Worte in den Mund legt, spielt Majakowski auf die Versuche einiger Kunstfunktionäre an, sich hinter den Klassikern zu verstecken und damit von der sowjetischen Gegenwart abzukapseln.

20 *Nach noch ein paar Sitzungen:* Paraphrase auf Verse aus M. J. Lermontows Poem »Der Dämon«.

21 *Lebendige Menschen:* Anspielung auf die Losung vom »lebendigen Menschen«, die die Literatur von politischer Zielgerichtetheit wegführte und Ende der zwanziger Jahre durch den Kritiker V. V. Jermilow in Umlauf gesetzt und durch die RAPP (Russische Assoziation proletarischer Schriftsteller) propagiert wurde.

22 *»Roter Mohn«:* Ballett von R. M. Glier, 1927 im Bolschoi-Theater aufgeführt.

23 *Parteihöchstgehalt:* Limit, über das die Arbeit eines Parteimitglieds nicht bezahlt werden durfte.

24 *Dunkle Mächte drücken euch bösartig nieder:* Aus dem Text der »Warschawjanka«.

25 *Tun Sie, als ob Sie ein Nichts waren:* Aus dem Text der »Internationale«.

26 *Arbeiter der weltallumspannenden Armee der Arbeit* (eigentlich: der weltumspannenden Armee...): Aus dem Text der »Internationale«.

27 *Arbeiterkarte für den Rang:* Theaterplätze, die zur Verfügung der Arbeiterorganisation standen.

28 *Nikolai Alexandrowitsch:* Anspielung auf N. A. Semaschko, 1918 bis 1938 Volkskommissar für Gesundheitswesen.

29 *»Quadratur der Kirsche«:* Kontamination von Stücktiteln aus dem Repertoire des Moskauer Künstlertheaters: »Kirschgarten« von A. Tschechow und »Die Quadratur des Kreises« von V. A. Katajew (aufgeführt 1928).

30 *»Onkel der Turbins«:* Kontamination von Stücktiteln aus dem Repertoire des Moskauer Künstlertheaters: »Onkel Wanja« von A. Tschechow und »Die Tage der Turbins« von M. A. Bulgakow (aufgeführt 1926).

31 *Fahr hin, meine Gondel!:* Anfang einer populären Romanze.

32 *Beziehungen der bekannten Art* (im Original: Beziehungen friedlandscher Art): Anspielung auf ein Buch von L. Friedland, »Hinter verschlossener Tür. Aufzeichnungen eines Venerologen«, das in jenen Jahren Sensation machte (erschienen 1927).

33 *Vierzig Menschen oder acht Pferde:* Diese Aufschrift bezeichnete auf Güterwagen das Fassungsvermögen des Waggons.

34 *In die Kolchosen gehen:* Anspielung auf die Delgierung städtischer Arbeiter zur ständigen Arbeit im Dorf zwecks Organisierung und Festigung der Kolchosen.

35 *Pioniertreffen:* Das Allunions-Pioniertreffen fand im August 1929 statt.

36 *Zweikin schiebt einen Karren...:* Für diese Regiebemerkung hat Majakowski zweifellos die folgende Notiz aus der »Prawda« benutzt: »Auf der Station Frunse traf Trotzki in Begleitung seiner Familie in einem Sonderwaggon erster Klasse ein. Das Publikum war beeindruckt von der Reichhaltigkeit des Gepäcks Trotzkis (mehr als siebzig Gepäckstücke) und dem herrschaftlichen Komfort, mit dem der aus Moskau verbannte Trotzki reiste. Besondere Aufmerksamkeit lenkte auf sich, daß Trotzki einen Jagdhund sowie eine große Auswahl Jagdgerätschaften mit sich führte. – Was für ein Herr ist da angekommen? wurde auf der Station gefragt.« (»Prawda« 1928, Nr. 37 vom 12. Februar.)

37 *Politik auf weite Sicht:* Ein Audruck Trotzkis.

38 *Ich halte den Zug auf:* Anspielung auf eine Episode aus dem Jahre 1929, als A. V. Lunatscharski bei der Abreise aus Leningrad aus persönlichen Gründen die Abfahrt des Zuges verzögerte. (Siehe Beschluß der Zentralen Kontrollkommission der KPdSU [B] anläßlich des ungesetzlichen Zurückhaltens eines Kurierzuges durch den Genossen Lunatscharski, »Prawda« 1929, Nr. 141 vom 22. Juni.)

39 *Ein wunderbarer Apparat:* Der Schriftsteller W. P. Katajew teilt mit: »Nach der Lesung von ›Schwitzbad‹ sagte mir Majakowski: ›Wissen Sie, woher ich dieses Wortspiel habe? Aus der Kindheit. Mein Vater hatte einen Fotoapparat gekauft. Im Hause gab es eine Sensation. Ich sagte: Mama rada, papa rad, schto kupili apparat (deutsch: Mama freut sich, Papa freut sich, daß wir einen Apparat gekauft haben). Das waren meine ersten improvisierten Verse.‹«

40 *Ohne Führer und ohne Segel:* Paraphrase aus Versen aus M. J. Lermontows Poem »Der Dämon«.

41 GOTOB: Gosudarstwennyje teatry opery i baleta, d.h. das Bolschoitheater und seine Filiale.

42 *Kammergeheul:* Offenbar eine Anspielung Majakowskis auf das Moskauer Kammertheater und die dort übliche deklamatorische Manier.

43 MCHATS: Künstler-Theater.

44 *Jermilow:* Einer der Funktionäre des RAPP, der Kritiker W. W. Jermilow, fiel mit ungerechtfertigten Beschuldigungen über »Schwitzbad« her. Majakowski antwortete ihm mit dieser Losung (14). Unter dem Druck der RAPP-Leitung wurde die Losung von der

Bühne des Zuschauerraums entfernt. Im Postskriptum zum vor dem Tod geschriebenen Brief hat Majakowski das erwähnt: »Sagt dem Jermilow, daß es schade ist – ich habe die Losung abgenommen, anstatt zu Ende zu schimpfen.« 1953 distanzierte sich Jermilow von seiner damaligen Position und anerkannte, daß er nicht vermochte, »die positive Bedeutung von ›Schwitzbad‹ zu erfassen«.

45 *daß... irgendein Graf:* Anspielung auf die Inszenierung von L. N. Tolstois »Auferstehung« im Moskauer Künstlertheater [MCHAT] 1929.

46 *der römische Papst:* Anspielung auf das antisowjetische Auftreten von Papst Pius XI. Anfang 1930.

47 Es war vorgesehen, am Schluß der Aufführung Spruchbänder mit eigens geschriebenen Losungen aufzuhängen, doch wurde der Plan nicht verwirklicht und die Losungen blieben ungenutzt.

48 DOMKOM: Hauskomitee.

Materialien und Dokumente

Wassili Katanjan
Chronik 1928–1930

1928

4.5. Meyerhold telegrafiert an Majakowski: »Appelliere letztmalig an Deine Vernunft. Theater geht zugrunde. Keine Stücke. Gezwungen auf Klassiker zu verzichten. Will Repertoireniveau nicht senken. Bitte antworte zuverlässig: Können wir auf Eintreffen Deines Stücks im Lauf des Sommers rechnen. Telegrafiere Swerdlowsk. Zentralhotel. Meyerhold.«

12.5. Majakowski antwortet: »Wenn mit vorheriger Absprache einverstanden kommt sicher ein gutes Stück. Gruß. Majakowski.«

8.10. Majakowski reist von Moskau nach Berlin.

15.10. Ankunft in Paris. Während der Reise arbeitete Majakowski an »Wanze« und dem Szenarium »Ideal und warme Decke«. Über das Stück verhandelte Majakowski in Berlin mit dem Malik-Verlag und mit Piscator, über das Szenarium in Paris mit René Clair, in beiden Fällen ohne Erfolg.

20.10. Brief an Lilja Brik aus Paris: »Die Pariser Auspizien sind trübe, alle Hoffnung auf Malik – sie wollen mit mir einen Vertrag machen! – es hängt von der Qualität des Stücks ab (ich schreibe es rasch zu Ende).«

5.11. Trifft Louis Aragon im Café Coupole.

7.11. Liest im Café Voltaire. Begegnung mit Marina Zwetajewa, die davon am 28.11.1928 in der Zeitung »Eurasien« berichtet: »Am 28. April 1922, kurz vor meiner Abreise aus Rußland, traf ich früh am Morgen Majakowski auf dem völlig leeren Kusnezki most: ›Nun, Majakowski, was soll ich Europa von Ihnen ausrichten?‹ – ›Die Wahrheit ist hier.‹ Am 7. November 1928 spät abends antwortete ich beim Verlassen des Café Voltaire auf die Frage: ›Was sagen Sie über Rußland nach der Lesung Majakowskis?‹ – spontan: ›Die Kraft ist dort.‹«

8.12. Rückkehr nach Moskau.

9.12. Meyerhold beklagt sich über Majakowskis Säumigkeit.

26.12. »Gestern las uns Wladimir Majakowski sein eben beendetes Stück ›Wanze‹ vor. Dieses Stück Majakowskis ist ein neues Wort in der Dramatik, zugleich beeindruckt es durch seine virtuose Bearbeitung des sprachlichen Materials.« (Wsewolod Meyerhold in »Wetschernjaja Moskwa« vom 27.12.1928)

28.12. Liest »Wanze« vor den Schauspielern des Staatlichen Meyerhold-Theaters.

30.12. Liest »Wanze« vor dem erweiterten Kunstpolitischen Rat des Staatlichen Meyerhold-Theaters, der das Stück als sowohl in ideologischer wie in künstlerischer Hinsicht »höchstbedeutsame Erscheinung der sowjetischen Dramatik« akzeptiert und die Aufnahme ins Repertoire begrüßt. Wenige Tage darauf begannen die Proben, an denen Majakowski als »Assistent des Regisseurs« teilnahm. Während der Proben ergänzt Majakowski eine Reihe von Stellen. Dmitri Schostakowitsch, der die Musik schrieb, erinnerte sich 1940: »Er stellte mir diese Aufgabe: ›Wanze‹ hat zwei Teile – vor dem Brand und nach dem Brand. Da kommt dann die Musik der Zukunft /.../ Er sagte, daß diese Musik sehr einfach und klar sein müsse, etwa wie die Märsche, die die Feuerwehr spielt.«

Anfang des Jahres »Wanze« wird vom Hauptrepertoirekomitee beim Volkskommissariat für Bildungswesen zur Aufführung genehmigt.

10.1. Liest »Wanze« im Haus der Presse.

11.1. Liest »Wanze« im Klub der Oktoberrevolution vor Komsomolzen, um von ihnen kritische Hinweise zu bekommen.

12.1. Liest »Wanze« im Haus des Komsomols im Moskauer Stadtbezirk Krasnaja Presnja. Meyerhold spricht in der Diskussion: »Bei der Hinwendung zu Werken wie dem Majakowskis ist es nicht statthaft, die formale Seite zu ignorieren. Er bietet eine Märchenzauber-Komödie, die man nach den Gesetzen bewerten muß, die der Autor für sich selbst aufgestellt hat. Die Mißverständnisse stammen daher, daß ihr euch auf ein gewisses Faulenzen eingestimmt habt, eure Energie erschlaffen laßt. Man muß sie straffen. Das Hirn der alten Garde ist übermüdet, Verkalkung macht sich bemerkbar. Aber ihr müßt frisch darangehen. An den zwei Abenden, die der ›Wanze‹ gewidmet waren, hat es mich bestürzt, daß junge Leute mit der Zunge der alten sprechen, daß sie nicht frisch reden.«

13.1. Majakowskis Notiz über »Wanze« in der Zeitschrift »Ogonjok«: »Mir selbst fällt es schwer, mich als den alleinigen Verfasser dieser Komödie zu betrachten. Der aufbereitete und in das Stück eingegangene Stoff ist eine Riesenmasse von spießbürgerlichen Tatsachen, die von allen Seiten auf meine Hände, auf meinen Kopf eindrangen in all der Zeit meiner Arbeit als Zeitungsmann und Publizist, besonders in meiner Beziehung zur ›Komsomolskaja prawda‹... Beträchtlichste

Schwierigkeit: die Tatsachen in die Theatersprache der Aktion und der Unterhaltsamkeit umzusetzen.«

Mitte Jan. Liest »Wanze« vor dem Zentralkomitee des Komsomol.

Januar Band 3 seiner »Gesammelten Werke« erscheint.

14.1. Liest »Wanze« im Charkower Klub der GPU. Später am Abend Vortrag »Links von LEF« und Lesung im Dramatischen Theater Charkow. »Abschließend las Wl. Majakowski neue Gedichte, die dem Kampf mit Spießertum, Unbildung und Rückständigkeit gewidmet waren, und Auszüge aus seinem neuen Stück ›Wanze‹ – einer bösen und zupackenden Satire auf die Sowjet-Spießer.« (»Proletari« vom 16.1.1929)

16.–18.1. Mehrere Lesungen in der Ukraine werden wegen Majakowskis Kehlkopferkrankung abgesagt.

23.1. Liest Teile der »Wanze« im Rundfunk.

26.1. Schließt Vertrag mit dem Staatlichen Meyerhold-Theater über »Komödie mit Selbstmorden«. Termin 1. September 1929. Das Stück wird nicht geschrieben.

29.1. Majakowskis Notiz über »Wanze«: »Wie mir mein Stück gefällt? Es wird mir gefallen, wenn es dem Spießer mißfällt. Gegenwärtig arbeite ich an zwei Stücken – an der ›Komödie mit Selbstmorden‹, deren Thema der Zusammenstoß der europäischen mit der sowjetischen Kultur ist, und der Komödie ›Milliardäre‹.« Beide Stücke blieben ungeschrieben. In der ersten Hälfte des Jahres 1929 begann Majakowski seine Arbeit am »Schwitzbad«.

2.2. Liest »Wanze« im Klub der Arbeiterkorrespondenten der »Prawda«: »Wenn die Arbeiter meinen, ich hätte mich ihnen zu wenig gewidmet, so will ich auch dieses Manko aufholen. Doch müssen auch Sie mir entgegenkommen. Wenn behauptet wird, in der ›Wanze‹ fehle es an positiven Typen, so fällt mir Gogols ›Theaterreise‹ ein. Die Kritik lautete analog. Auch im ›Revisor‹ gibt es keinen einzigen positiven Typus. Komödie ist kein ›Universalkleber, der eine Venus genauso leimt wie einen Nachttopf‹. Komödie konzentriert sich auf eine einzige Stoßrichtung. Über dem Kult positiver Typen sind wir richtig eingetrocknet.«

3.2. Das Gedicht »Erntemarsch« in der »Komsomolskaja prawda«.

11.2. Nimmt an einem Treffen russischer und ukrainischer Schriftsteller teil.

12.2. Gibt das Manuskript von »Wanze« an den Staatsverlag.

Februar »Wanze« erscheint in Heft 2 und 3 der Zeitschrift »Molodaja gwardija«.

13.2. Premiere von »Wanze« im Staatlichen Meyerhold-Theater. Regie: Wsewolod Meyerhold. Assistent (Textarbeit) Wladimir Majakowski. Bühnenbild und Kostüme: Kukryniksy, Alexander Rodtschenko. Musik: Dmitri Schostakowitsch.

Rezensionen: »Dajosch« 1929, Nr. 1; »Novy sritel« 1929, Nr. 10; »Rabotschi i teatr« 1929, Nr. 10; »Shisn iskusstwa« 1929, Nr. 11, 12, 13; »Sovremenny teatr« 1929, Nr. 14.

14.2. Majakowski reist nach Prag, wo er dem Theater »Na vinohradech« »Wanze« anbietet. Er hat damit ebenso wenig Erfolg wie bei den Kontakten mit Berliner und Frankfurter Theatern, obwohl es schon eine ungedruckte Übersetzung ins Deutsche gab.

19.2. Ankunft in Berlin auf der Durchreise nach Paris.

20.2. Vertrag mit Malik-Verlag über einen Band Stükke und Prosa, der aber nicht erscheint.

2.5. Rückkehr nach Moskau.

16.5. Rede bei der letzten Aufführung von »Wanze« im Staatlichen Meyerhold-Theater. Dieser einzigen hauptstädtischen Inszenierung, die bis 1932 auch auf Gastspielreisen nach Leningrad, in die Ukraine, ins Donbass und nach Usbekistan gezeigt wurde, folgten 1929–1932 Aufführungen in Leningrad, Stscheglowski, Astrachan, Dneprodsershinsk, Kamenskoje, Swerdlowsk und Tutajew.

Ende Mai/ Anf. Juni Gründung der Gruppe REF (Revolutionäre Front) aus den vom LEF (Linke Front der Künste) abgespaltenen revolutionären Kunstarbeitern Wladimir Majakowski, Nikolai Assejew, Ossip Brik, Alexander Rodtschenko, Warwara Stepanowa, Pawel Nesnamow, Wassili Lomow, Lilja Brik, Witali Shemtschushnikow, Semjon Kirssanow, Lew Kassil.

8.7. Brief an Tatjana Jakowlewa in Paris, die Majakowski im Oktober 1928 kennengelernt hatte. Im Frühjahr 1929 hatte er sie gebeten, sich bis Oktober 1929 zu entscheiden, ob sie seine Frau werden wolle.

»Habe das ›Schwitzbad‹ zu schreiben angefangen (mit teuflischer Verspätung!). Und habe bis jetzt noch nicht mal alle Namen der handelnden Personen erfunden […] In die Arbeit stürze ich mich, eingedenk der Tatsache, daß bis zum Monat Oktober gar nicht mehr so viel Zeit bleibt; doch das Werkstück ist entsetzlich hart und ich springe von ihm ab und trage an der Stirn Beulen davon, Beulen des Zweifels und des Respekts vor dem Thema.«

5.9. «W. las uns ein Stückchen aus dem ›Schwitzbad‹ vor.« (Tagebuch L. J. Brik)

10.9. »W. gab das Stück schon zum Abschreiben.« (Tagebuch L. J. Brik)

12.9. Liest sein Gedicht »Siebentagewoche des Erfinders« im Radio.

12. od. 13.9. Spricht auf dem Allunionstreffen der Erfinder.

13.9. Liest sein Gedicht »Die Amerikaner staunen« im Radio.

14.9. »Die Amerikaner staunen« in der Zeitung »Rabotschaja gaseta«.

14.9. Erste organisatorische Beratung der Gruppe REF (Revolutionäre Kunstfront) unter Vorsitz von Majakowski. Zur Debatte stand der erste REF-Almanach, in den Majakowski das »Schwitzbad« geben wollte, sowie der programmatische Abend im Polytechnischen Museum. In der Erklärung der REF für den Staatsverlag vom 14. Juni hatte es geheißen, die verstärkten bürgerlichen und kleinbürgerlichen Tendenzen an der Front der sowjetischen Literatur und der sowjetischen Künste verlangten die unverzügliche Mobilisierung aller literarisch-künstlerischen Kräfte des sozialistischen Sektors für den entschiedenen Kampf gegen diese Erscheinungen. »Die Losungen dieses Kampfes sind: 1. Für sozialistische Propaganda, gegen apolitisches Kunstgeschwätz. 2. Für Massenhaftigkeit, gegen intellektuellen Snobismus. 3. Für neue Form, gegen Archaismus und Restauration.«
Majakowski plante um diese Zeit die Zeitschrift »Wdrug« (»Plötzlich«), die erscheinen sollte, wenn es keiner erwartet.

15.9. »W. las mir ›Schwitzbad‹ vor. Osja kam dazu. W. las es uns beiden noch einmal vor. Es gefiel uns sehr, ist aber noch nicht ganz fertig.« (Tagebuch L. J. Brik)

19.9. Nimmt an einer Sekretariatssitzung der FOSP (Föderation der sowjetischen Schriftsteller) teil.

21.9. »Marsch der Zeit« aus dem 6. Akt des »Schwitzbads« in der »Komsomolskaja prawda«.

21.9. Liest Gedichte im Klub der Fabrik »Rote Rosa«.

22.9. »Wir stimmen für die ununterbrochene Woche« in »Ogonjok«.

22.9. »Wir müssen kämpfen« in »Komsomolskaja prawda«.

22.9. »Abends las W. zu Hause ›Schwitzbad‹ – ungefähr dreißig Gäste.« (Tagebuch L. J. Brik)

»Ich weiß noch, Janschin war da. Das Stück hatte großen Erfolg bei dieser Lesung. Die Meinungen waren einmütig begeistert [...] Wl. Wl., der ja immer sehr gut las, war an diesem Abend noch besser als sonst [...] Janschin war hingerissen von dem Stück. Am andern Tag machte er kein Hehl daraus, daß Majakowskis ›Schwitzbad‹ ein Ereignis sei, und bestand darauf, daß es im Künstlertheater aufgeführt werden müsse. Nach seinen Erzählungen wurde eine Lesung von ›Schwitzbad‹ im Künstlertheater vereinbart, die dann aus irgendwelchen Gründen nicht zustande kam.« (W. W. Polonskaja)

23.9. Spricht auf dem Plenum der RAPP (Russische Assoziation proletarischer Schriftsteller).

23.9. Liest »Schwitzbad« vor dem Kunstpolitischen Rat des Staatlichen Meyerhold-Theaters.

»Ich war dabei. Es war eine triumphale Lesung. Die Schauspieler und Schriftsteller lachten und applaudierten dem Dichter. Jeder Satz wurde uneingeschränkt akzeptiert. Eine derart positive Reaktion habe ich selten erlebt. [...] Mir gefiel das Stück nicht, es schien mir szenisch unbeholfen.« (M. Soschtschenko)

26.9. Spricht auf dem Plenum der RAPP zum Lyrikvortrag von G. Gorbatschow.

26.9. L. J. Brik notiert, Majakowski habe an der »Schwitzbad«-Inszenierung als Bühnenbildner mitarbeiten wollen.

27.9. »Wechsel der Überzeugungen« in »Rabotschaja gaseta«.

27.9. Liest »Schwitzbad« zum zweitenmal vor Freunden.

29.9. »Das Künstlertheater will W. um ein Stück bitten.« (Tagebuch L. J. Brik)

Im September erschienen die Ausgaben »Schul-Majakowski« und das Kinderbuch »Was soll ich werden?«

1.10. »Das erste von fünf« in »Komsomolskaja prawda«.

2.10. Brief von REF an den Staatsverlag mit der Bitte, die Abgabe des Sammelbands »REF« bis zum 1. Dezember zu verschieben, da die Gruppe mit der Klärung einiger komplizierter theoretischer Fragen beschäftigt sei, die das geplante Erscheinen einer neuen Zeitschrift aufgeworfen habe.

2.10. »Abends aus dem Künstlertheater, um über das Stück zu sprechen.« (Tagebuch L. J. Brik)

Majakowski habe dem Moskauer Künstlertheater zwei Vorschläge gemacht: 1. Die Abenteuer eines Mannes, der mit seiner kolossalen Erbschaft in der UdSSR nichts anfangen kann. 2. Dialog über die Liebe.

7.10. Besucht S. Eisensteins Film »Das Alte und das Neue«. »Der Film gefiel ihm so gut, daß er Eisenstein ein Telegramm schicken wollte.« (Tagebuch L. J. Brik)

8.10. Spricht auf dem Abend »Eröffnung des REF im Großen Saal des Polytechnischen Museums.

»Vor allem müssen wir erklären, daß wir von

Zeitgenössische Karikatur: Lektion in Selbstkritik. Bürokrat: »Bei dem kann man Selbstkritik lernen: bellt, aber kuscht.«

Die gesamte proletarische Öffentlichkeit muß

am Kampf gegen den Bürokratismus teilnehmen!

»Bürokraten müssen öffentlich ausgelacht werden...« (Aus einer Rede des Genossen Ordshonikidse)
(Aufschrift auf dem Käfig: Menschenaffen: Bürokrat)

Majakowski mit Lilja und Ossip Brik, 1929

Kostümskizze der Kukryniksy
zur »Wanze«

Plakat Majakowskis zur Uraufführung der »Wanze« am Meyerhold-Theater am 13. Februar 1929 (Text vgl. Anmerkungen S. 144, Losungen 2)

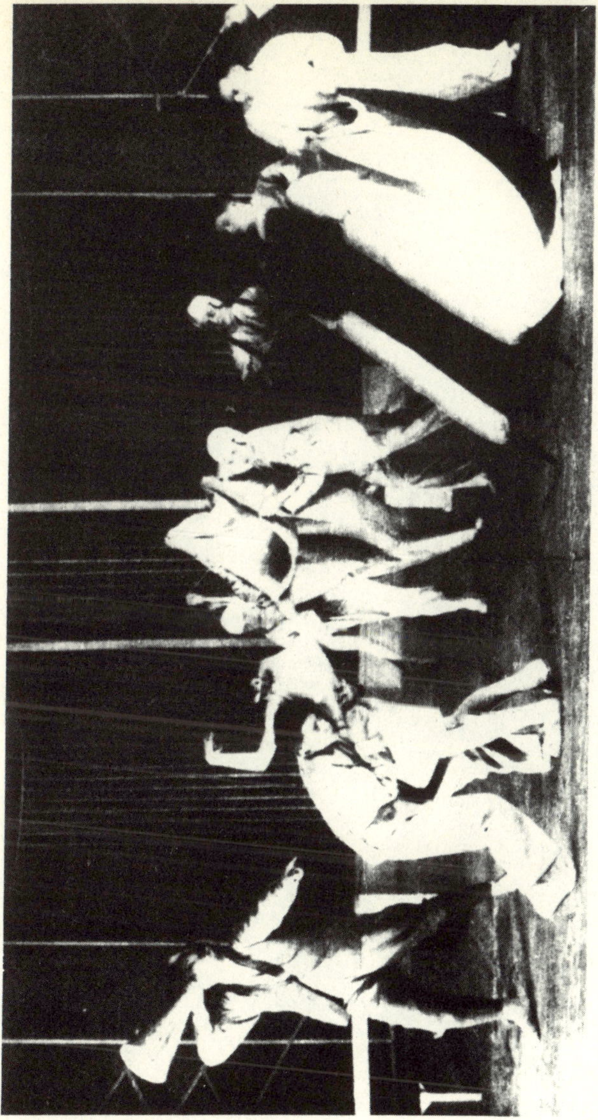

»Die Wanze« in der Inszenierung von Meyerhold, 7. Bild

9. Bild der Meyerhold-Inszenierung der »Wanze«

Majakowski mit Schostakowitsch, Meyerhold und Rodtschenko bei den Proben zur »Wanze«, 1929

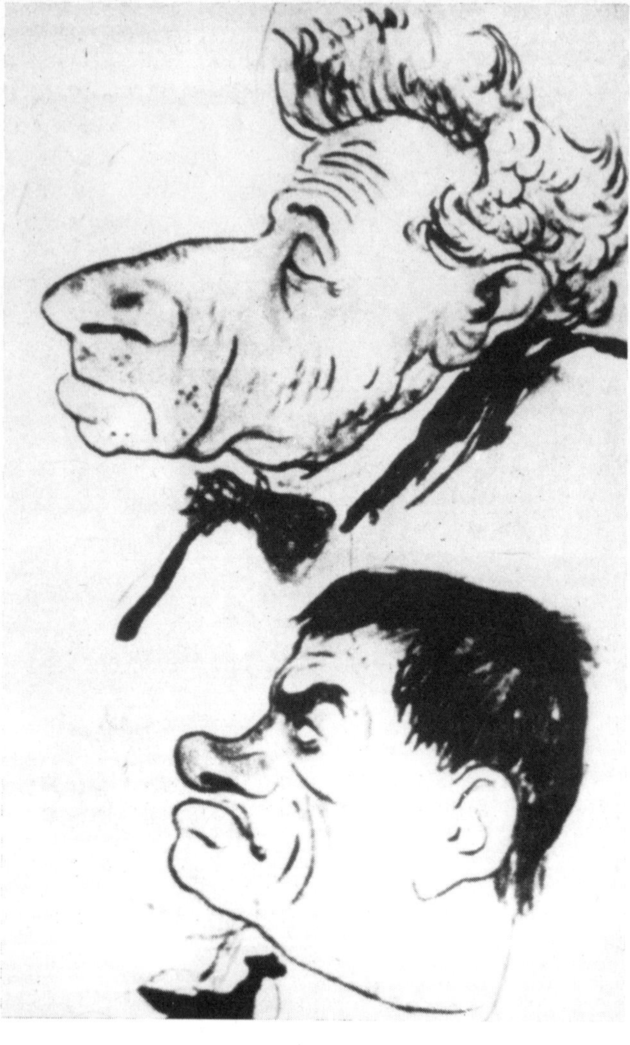

Meyerhold, Majakowski.
Karikaturen der Kukryniksy

Plakat zum »Schwitzbad« von Kukryniksy

»Schwitzbad« in der Inszenierung von Meyerhold, Szene aus dem 1. Akt

»Schwitzbad«, Szene aus dem 3. Akt der Meyerhold-Inszenierung

Genosse Optimistenko
(W. Saitschikow in der Meyerhold-Inszenierung)

»Schwitzbad«, Szene aus dem 6. Akt

Alarikus

Die Verwandlung

Schon lange plagt den LEF die Räude.
Das Fell juckt ihn, den großen Leu.
Da brüllt der Ober-LEF: Noch heute
ins Schwitzbad, zier dich nicht, mein Freund!

Die Wanzen bissen, Gottverdammich!
Die Kritikaster triebens stark.
Doch nun schrubbt LEF sich mit dem Bastwisch
die Spuren seiner Schande ab.

Und schwitzend auf der letzten Stufe
(mit Höh und Hitze gut bekannt)
durch dichten, heißen Nebel ruft er:
Mehr Dampf, Brik! Mensch, Brik, mach mehr Dampf!

Ganz in der Pose eines Herolds,
gequollen von der Prozedur,
kriecht ins Theater Meyerholds
jetzt aus dem Bad der REF retour.

(Deutsch von Boris Tscherski)

Majakowski-Karikatur 1929

unserer gesamten vergangenen Arbeit, sowohl als Futuristen und Komfuturisten wie auch als LEF nichts abstreichen. Unsere heutige Position ergibt sich voll und ganz aus unserer bisherigen Arbeit. Alle unsere Streitigkeiten mit Feinden und Freunden über das, was wichtiger ist: WIE oder WAS, beenden wir jetzt mit unserer literarischen Hauptlosung WOZU, d.h., setzen den Primat des Ziels über den Inhalt und über die Form.«

11.10. Reist nach Leningrad.

12.–20.10. Liest elfmal in Leningrad, zweimal »Schwitzbad«. In Leningrad las Majakowski »Schwitzbad« auch dem Schauspieler Igor Iljinski und dem Dramatiker Nikolai Erdmann vor: »Und was für ein Reinfall, einer der schlimmsten meines Lebens. Ich verkannte das Stück. Ob nun Majakowski schlecht las, weil er große Auditorien gewöhnt war, die immer mit lebhaftem Gelächter reagierten, hier aber nur zwei ›mißlaunige Komiker‹ saßen, oder ob ich vorher schon zuviel von dem Stück gehört hatte – das Entzücken, das der Autor von mir und Erdmann erwartet hatte, blieb aus.« (I. Iljinski)

21.10. Kehrt nach Moskau zurück.

23.10. REF beschließt eine Ausstellung zu Majakowskis zwanzigstem Literaturjubiläum.

25.10. Liest »Schwitzbad« im Großen Saal des Polytechnischen Museums.

»Das neue Stück ›Schwitzbad‹, das sich gegen den Bürokratismus richtet, ist in Inhalt und literarischer Form der ›Wanze‹ weit überlegen.« (»Komsomolskaja prawda« vom 26. Oktober 1929)

27.10. »Schwitzbad« (Auszug aus dem 1. Akt) in »Radiosluschatel«.

27.10.	Liest »Schwitzbad« im Moskauer Haus der Presse. »Wolodja las ›Schwitzbad‹ im Haus der Presse. Sagt, es war sehr anregend. In Diskussion sprachen Dm. Petrowski, Gecht und Gus. Zurück gegen 2 Uhr morgens.« (Tagebuch L. J. Brik) »Das Auditorium des Hauses der Presse ist überfüllt. Der Dichter Majakowski liest sein neues Stück ›Schwitzbad‹. Gekommen sind Studenten, Journalisten, Schriftsteller und Dichter [...] Er las wunderbar. Trotz der späten Stunde folgte man den sechs Akten mit riesigem Interesse. Die scharfe Satire rief immer wieder allgemeines Gelächter und stürmischen Applaus hervor.« (Krasnoarmejez vom 30. November 1929)
29.10.	Liest »Schwitzbad« im Radio.
30.10.	Liest »Schwitzbad« (2., 3. und 6. Akt) im Klub der Ersten Musterdruckerei auf einem Abend der Zeitschrift »Dajosch«.
Oktober	»Erfinder-Siebentagewoche« und »Upas« erscheinen in Heft 10 der Zeitschrift »Isobretatel«. Die geplante Parisreise kommt nicht zustande. Majakowski erfährt von Tatjana Jakowlewa, daß sie nicht mehr warten könne und geheiratet habe.
4.11.	Majakowskis Notiz über »Schwitzbad« in »Literaturnaja gaseta«.
7.11.	»Oktobermarsch« in »Trud«.
7.11.	Liest »Gut und schön« im Radio.
9.11.	Liest »Schwitzbad« im Klub »Roter Strahl« der Moskauer Vereinigung der Staatlichen Elektrowerke.
23.11.	»Schwitzbad« an Hauptkomitee für Repertoirekontrolle.
24.11.	Nach Leningrad. Im Zug liest er der RAPP-Führung – Fadejew, Libedinski, Awerbach, Tschumandrin – »Schwitzbad« vor.

25.11. Premiere der »Wanze« in der Filiale des Großen Dramatischen Theaters Leningrad. Regie: W. Ljuze. Ausstattung: S. Guschner. Majakowski verließ die Aufführung, wütend über den selbstherrlichen Umgang des Theaters mit dem Stück.

30.11. »Schwitzbad« (Auszug aus dem 6. Akt) und Notiz »Was heißt ›Schwitzbad‹? Wen wäscht es?« in »Ogonek«.

»›Schwitzbad‹ ist eine publizistische Sache, deshalb gibt es da keine sogenannten ›lebendigen Menschen‹, sondern lebendig gewordene Tendenzen. Die Agitation, die Propaganda, die Tendenz lebendig zu machen, darin liegt das Problem und der Sinn heutigen Theaters [...] Das Theater hat vergessen, daß es Schau-Spiel ist. Wir wissen nicht, wie wir dieses Schau-Spiel für unsere Agitation verwenden sollen. Dem Theater das Schau-Spielerische wiederzugeben, die Bretter zur Tribüne zu machen – das ist das Wesen meiner Theaterarbeit.«

November »Schwitzbad« (1., 4. bis 6. Akt; Inhaltsangabe der übrigen zwei) in Heft 11 von »Oktjabr«.

November »Erzählung Chrenows über Kusnezkstroj und die Leute von Kusnezk« in Heft 46 von »Tschudak«.

November »Schwitzbad« (kurzer Auszug) in Heft 12 vom »Dajosch«.

2.12. »Die eigene Meinung« im Radio.

4.12. Liest »Schwitzbad« im Moskauer Arbeiterklub »Proletarier«. Im Verlauf der Diskussion wird das Stück mit Gogols »Revisor« und Gribojedows »Verstand schafft Leiden« verglichen. Nach der Lesung wurde eine Resolution verfaßt: »Wir Arbeiter, versammelt auf einem Literaturabend im Klub ›Proletarier‹, auf dem der Dichter Majakowski sein Stück ›Schwitzbad‹ vorlas, halten solche Lesungen für unerläßlich und nützlich [...] Wir wollen, daß die gesellschaftliche Prüfung des Stücks ›Schwitzbad‹ gemeinsam mit Kritikern, dem Autor, dem Regisseur und den Schauspielern auf unserer Bühne und mit uns Arbeitern durchgeführt wird, wobei wir an der Beurteilung des Stücks teilnehmen könnten.«

9.12. »Schwitzbad« an Staatsverlag.

14.12. »Ich bin glücklich« in »Wetschernjaja Moskwa«.

14.12. »Komplikationen mit der Genehmigung für die Aufführung von ›Schwitzbad‹« (Tagebuch L. J. Brik).

16.12. Band 8 der Werkausgabe und Sammelband »Dröhnendes Lachen« an Staatsverlag.

20.12. »Las ›Schwitzbad‹ im Repertkom – mit knapper Not herausgebissen« (Tagebuch L. J. Brik).

27.12. »Her mit der materiellen Basis« in »Prawda«.

27.12. Brief an Staatsverlag mit der Bitte, die Abgabe des Sammelbands »REF« erneut, diesmal auf den 20. Januar zu verschieben.

28.12. Liest »Schwitzbad« im Klub des Werks »Ikarus«.

29.12. Mit Schriftstellerdelegation im Rat der Volkskommissare der RSFSR.

30.12. Feier des zwanzigjährigen Literaturjubiläums mit Freunden.

1930

4.1. »Marsch der Stoßbrigaden« in Zeitung »Elektrosawod«.

5.1. ROSTA-Verse unter dem Titel »Verslosungen und Losungsverse« mit einem Einleitungsartikel »Ich bitte ums Wort« in »Ogonek«.

8.1. Spricht in der Diskussion »Brauchen wir Satire?«

im Polytechnischen Museum.
»W. Majakowski erinnerte gestern zur rechten Zeit daran, wie einer dieser Bljums [der in seinem Vortrag Satire für überflüssig erklärt hatte] sich lange weigerte, in der ›Iswestija‹ sein bekanntes satirisches Gedicht ›Die auf Sitzungen Versessenen‹ abzudrucken. Schließlich wurde es gedruckt. Und was geschah? Lenin stieß darauf und zitierte einige Passagen in seiner Rede auf dem Kongreß der Metallarbeiter. Über die Möglichkeit von Satire unter sowjetischen Bedingungen war Lenin anderer Meinung als Bljum. Doch – fügte Majakowski hinzu – in allen Bereichen gibt es Arbeiterfunktionäre von der Basis, nur in der Satire nicht. Es ist dringend nötig, neue Schriftsteller aus der Arbeiteröffentlichkeit für die satirischen Zeitschriften zu gewinnen. Majakowskis Standpunkt wurde von anderen Diskussionsrednern unterstützt.« (»Wetschernjaja Moskwa« vom 9. Januar 1930)

9. 1. Reist zu Lesungen nach Leningrad.

15.–17. 1. Nimmt an Sitzung des REF-Plenums teil.

16. 1. Vortrag über Theater.

Januar/Februar Schreibt »Moskau brennt« für eine Zirkusvorstellung zum 25. Jahrestag der Revolution von 1905.

21. 1. Liest den dritten Teil von »Wladimir Iljitsch Lenin« auf der Lenin-Feier im Bolschoi-Theater.

23. 1. Reist nach Leningrad zur Vorbereitung der Inszenierung des »Schwitzbads« im Theater des Narodny Dom.

26. 1. Kehrt nach Moskau zurück.

Januar In »Ogonek«, Heft 3 vom 25. Januar 1930, fehlt in einer Empfehlung von Lenin-Gedichten Majakowskis Lenin-Poem. Im Entwurf eines Briefs an die Zeitschrift, den Ossip Brik verfaßt, wird auf die mehrfache Veröffentlichung der Dichtung hingewiesen.

Band 6 der Werkausgabe des Staatsverlags erscheint.

Schreibt Vorwort zum Katalog der Ausstellung »20 Jahre Arbeit«.

30.1. Premiere des »Schwitzbads« im Theater des Narodny Dom Leningrad. Regie: W. Ljuze. Ausstattung: P. Snopkow. Musik: W. Bogdanow-Beresowski.

»Die Zuschauer reagierten auf das Stück mit mörderischer Unbeteiligtheit. Ich erinnere mich nicht, auch nur ein einziges Mal Lachen gehört zu haben. Nach den ersten beiden Akten klatschte kein Mensch. Furchtbarer habe ich nie ein Stück durchfallen gesehen.« (M. Soschtschenko)

Rezensionen: 31.1. »Krasnaja gaseta« (Abendausgabe) – 2.2. »Krasnaja gaseta« (Morgenausgabe) – 3.2. »Leningradskaja prawda« – 5.2. »Smena« – 5.2. »Rabotschi i teatr«.

1.2. Eröffnung der Ausstellung »20 Jahre Arbeit« im Schriftstellerklub. Liest »Mit aller Stimmkraft«. »Wir kamen um 6 Uhr abends zur Eröffnung der Ausstellung. Die Ausstellung ist nicht ganz fertig, aber trotzdem sehr interessant. W. ist überanstrengt. Sprach furchtbar müde. Einer hielt eine Rede, dann las W. den Prolog zum neuen Poem – sehr großer Eindruck, obwohl er ablas und es ihm schwerfiel.« (Tagebuch L. J. Brik)

5.2. Konferenz der MAPP (Moskauer Assoziation der Proletarischen Schriftsteller).

6.2. Spricht auf MAPP-Konferenz und erklärt seinen Beitritt. Er fordert auch die übrigen REF-Mitglieder dazu auf. Dieser mit den Freunden nicht besprochene Schritt führt zu Differenzen.

9.2. Genehmigung für »Schwitzbad« vom Hauptrepertkom. Die Änderungen in dem Exemplar, teils von Majakowskis Hand, teils vermutlich von der des Vorsitzenden K. D. Gandurin, zeigen die Tendenz zur Abschwächung der satirischen Schärfe des Stücks.

Februar Auszug aus »Mit aller Stimmkraft« in »Na literaturnom postu«, Heft 3, und »Oktjabr«, Heft 2. »Schwitzbad« (3. Akt) und Majakowskis Notiz »Erstaunlich interessant« in »Sowetski teatr«, Heft 2.

15.2. Die Ausstellung »20 Jahre Arbeit« wird um eine Woche verlängert. Auf einem Diskussionsabend spricht und liest Majakowski. Im Anschluß verliest A. Besymenski einen Brief an die »Komsomolskaja prawda«, in dem die »Verschwörung des Schweigens« um Majakowski scharf kritisiert wird. Der Brief wird nicht gedruckt.

20.2. Liest »Moskau brennt« vor dem Kunstpolitischen Rat der Zentralen Zirkusverwaltung. Die Aufführung im 1. Moskauer Staatszirkus wird empfohlen.

22.2. Vertrag mit Zentraler Zirkusverwaltung über satirische Politrevue zur Landesverteidigung »Achtung«.

23.2. Übergibt nach Schließung die Ausstellung »20 Jahre Arbeit« an die Lenin-Bibliothek.

25.2. Spricht in der Diskussion »Die Wege der sowjetischen Literatur« im Polytechnischen Museum.

25.2. Vorsitz bei der Eröffnung des Klubs der Theaterleute. Liest »Mit aller Stimmkraft«.

3.3. Interview Majakowskis für »Literaturnaja gaseta«. »Theateridee – Kampf für Propagandatheater, Massentheater, gegen Kammerstil, gegen Psycholüge. Politische Idee – Kampf gegen Enge, gegen bornierten Praktizismus, gegen Bürokratismus, für Heroismus, für Tempo, für sozialistische Perspektiven.«

4.3. Liest in der Universität Leningrad und im Pädagogischen Herzen-Institut Leningrad.

5.3. Eröffnung der Ausstellung »20 Jahre Arbeit« in Leningrad. Liest »Mit aller Stimmkraft«.

6.3. Liest im Volkswirtschaftsinstitut Leningrad.

7.3. Kehrt nach Moskau zurück. Nimmt an einer Sitzung des Exekutivkomitees der FOSP teil, auf der er vorschlägt, die nächste Beratung in einem Betrieb durchzuführen.

7.3. Spricht auf einem Chlebnikow-Abend.

März Zweiundzwanzig Losungen für die »Schwitzbad«-Aufführung in Moskau.

16.3. Premiere von »Schwitzbad« im Staatlichen Meyerhold-Theater. Regie: Wsewolod Meyerhold. Assistent (Textarbeit): Wladimir Majakowski. Künstlerische Leitung: Sergej Wachtangow, Alexander Deineka. Musik: Wissarion Schebalin.

»Ich sah Wladimir Wladimirowitsch Majakowski auf der Premiere des ›Schwitzbads‹ im Meyerhold-Theater. Nach der Aufführung, die vom Publikum nicht sehr wohlwollend aufgenommen wurde (diese Aufnahme traf Majakowski jedenfalls empfindlich), stand er allein an der Windfangtür des Vestibüls und ließ die Zuschauer an sich vorüber, indem er jedem, der das Theater verließ, in die Augen sah.« (I. Iljinski)

Rezensionen: 9.3. »Prawda« – 17.3. »Wetschernjaja Moskwa« – 20. 3. »Rabotschi i iskusstvo« – 21.3. »Rabotschaja gaseta« – 22.3. »Komsomolskaja prawda« – 28.3. »Nascha gaseta« – 31.3. »Literaturnaja gaseta« – 1.4. »Rabotschi i teatr« – 8.4. »Prawda« – 10.4. »Gudok«.

17.3. »Schwitzbad«-Premiere in der Filiale des Leningrader Großen Dramatischen Theaters. Regie: P.

Wejsbrem. Künstlerische Leitung: E. Krimmer. Musik: W. Woloschinow.
Rezensionen: 19.3. »Krasnaja gaseta« – 26.3. »Krasnaja gaseta«.

18.3. Eröffnung der Ausstellung »20 Jahre Arbeit« im Zentralen Haus des Komsomol der »Krasnaja Presnja« in Moskau.

19.3. Brief an L. J. Brik: »Vorgestern war die Premiere von ›Schwitzbad‹. Bis auf ein paar Einzelheiten gefiel's mir gut, ich glaub das erste Mal bei einer von mir aufgeführten Sache. Strauch ist herrlich. Die Zuschauer sind so geteilter Meinung – ein Witz; die einen sagen: sie haben sich nie so gelangweilt, die anderen: nie so amüsiert. Was noch gesagt und geschrieben werden wird – wer weiß.«

19.3. Spricht in einer Diskussion über A. Besymenskis Stück »Der Schuß« im Polytechnischen Museum, verteidigt das Stück als politisches Theater.

25.3. Spricht im Haus des Komsomol der »Krasnaja Presnja« in seiner Ausstellung »20 Jahre Arbeit«. »Weshalb hab ich sie gemacht? Ich hab sie gemacht, weil man mich wegen meines streitsüchtigen Charakters so gehetzt und so vieler tatsächlicher und vermeintlicher Sünden angeklagt hat, daß ich manchmal direkt irgendwo hinfahren möchte und zwei Jahre dort bleiben, um bloß das Gehetz nicht zu hören. Aber am nächsten Tag erhol ich mich natürlich wieder von dem Pessimismus, kremple die Ärmel auf und stürze mich in den Kampf – mein Recht als Dichter der Revolution, für die Revolution zu behaupten, und nicht als Abtrünniger.«

27.3. Spricht auf einer Beratung der »Wetschernjaja Moskwa« über »Schwitzbad«. Weist Vorwürfe der Unverständlichkeit unter Hinweis auf die Reaktion bei Lesungen zurück.

»Majakowski verteidigt seine Interpretation des Triumphanschikow als Typ eines Bürokraten ohne Maske, der von Anfang an entlarvt ist. Den Vorwurf, auf der Bühne fehlten die Arbeitermasse, die Partei, die Gewerkschaften, weist Majakowski mit der Bemerkung zurück, daß das Stück vom Standpunkt der Arbeiter und Parteiarbeiter gemacht und gezeigt sei, die sich im Zuschauerraum befinden.« (»Wetschernjaja Moskwa« vom 31. März)

27.3. Spricht in der Diskussion über »Schwitzbad« im Haus der Presse.

»Genossen, fünfunddreißig Jahre existiere ich physisch und zwanzig Jahre, wie man sagt, schöpferisch, und diese ganze Zeit vertrete ich meine Anschauungen mit meinen eigenen Lungen, mit Umfang und Kraft meiner Stimme. Ich fürchte mich nicht davor, daß meine Sache annulliert wird. In letzter Zeit hörte man öfters, ich sei ein allgemein anerkanntes Talent, und ich bin froh, daß ›Schwitzbad‹ diese Meinung widerlegt. Wenn ich das Theater verlasse, wisch ich mir, bildlich freilich, die Spucke von meiner mächtigen Stirn.«

Ende März Gründung einer graphischen Werkstatt durch den Stab zur Vorbereitung der Maifeier beim Moskauer Komsomolkomitee unter Leitung von Dmitri Moor und Majakowski. Ziel: »neue Formen der Massendemonstration zu erarbeiten«.

Ende März Vorschlag der »Prawda« an Majakowski, als Journalist an der Frühjahrskampagne auf dem Lande teilzunehmen.

März/Anf. April Nimmt an Proben für »Moskau brennt« im 1. Staatszirkus teil.

Anfang April Auf Weisung des Leiters des Staatsverlags A. Chalatow wird aus der schon ausgedruckten Nummer der Zeitschrift »Petschat i rewoljuzija« Begrüßung und Bild zum 20. Schriftstellerjubiläum Majakowskis herausgenommen. Die Zeitschrift hatte ihn als den »großen revolutionären Dichter, bedeutenden Revolutionär der Dichtkunst, unermüdlichen literarischen Mitkämpfer der Arbeiterklasse« begrüßt. Majakowski erfuhr sofort von dieser Maßnahme.

8.4. Sieht Alexander Dowshenkos Film »Erde«.

9.4. Liest vor Studenten des Plechanow-Instituts für Volkswirtschaft.

10.4. Majakowski sieht die »Schwitzbad«-Aufführung in Moskau.

»Am 10. April, vier Tage vor dem tragischen Schluß, traf ich Majakowski auf dem Korridor des Meyerhold-Theaters, als gerade das ›Schwitzbad‹ gegeben wurde. Ein Teil des Ensembles befand sich damals auf einer Gastspielreise, das Stück wurde zum großen Teil in zweiter Besetzung gespielt, und die Aufführung war sehr schwach. ›Wladimir Wladimirowitsch, die Aufführung ist heute nicht gerade erstklassig, sehen Sie sich das gar nicht erst an‹, sagte ich.

›Mache ich auch nicht‹, antwortete Majakowski und verfiel in Schweigen. Mit finsterem Gesicht stand er da, an einen Türpfosten gelehnt, und rauchte. Um ihn etwas aufzumuntern, brachte ich das Gespräch darauf, daß jetzt endlich in der ›Prawda‹ ein Artikel (von W. Popow-Dubowskoj) mit einer dem ›Schwitzbad‹ gerecht werdenden Einschätzung erschienen war, daß dieser Artikel aus der Feder des Leiters der Kulturabteilung (der auch Mitglied des Redaktionskollegiums war) die Meinung der Redaktion zum

Ausdruck brachte und daß damit dem Kesseltreiben gegen das ›Schwitzbad‹ bestimmt ein Ende gesetzt würde. Majakowski antwortete: ›Ganz gleich, jetzt ist es schon zu spät.‹

Damals verstand ich diese Worte so, daß es ganz gleich sei, weil das Stück nun einmal schon verrissen war. Doch als ich nach Majakowskis Tod an diese Worte zurückdachte, kam mir der Gedanke, daß ihr Sinn vielleicht ein anderer war: Für ihn war es schon zu spät...« (A. Fewralski).

11.4. Verschiebt einen Leseabend in der Moskauer Universität.

13.4. Plant Reise nach Leningrad. Lesungen vorgesehen für den 14., 15. und 19. April.

14.4. Gespräch mit der Schauspielerin Veronika Polonskaja, für das er sich vermutlich am 12.4. die folgenden vorbereitenden Notizen gemacht hatte:

»1 Wenn Liebe im Spiele ist – läßt sich gut reden
2 Wenn nicht – je eher, desto besser
3 Zum erstenmal bereu ich das Vorgefallene nicht, ich würde ein zweites Mal mich ebenso verhalten
4 Fühle mich durchaus nicht lächerlich unsre Beziehung vorausgesetzt
5 Was macht das Wesen meines Kummers aus
6 nicht Eifersucht
7 Wahrhaftigkeit Menschentum
Lachhaftigkeit unzulässig
8 Unterredung – bin ruhig
Ein Tag ohne unsre Begegnung und um 10 Uhr
9 Ging zur Tram Unruhe Telefon nicht angetroffen ging zuversichtlich und hätte nicht sollen Kino wenn auch nicht dawaren Mich[ail] Mich[ailowitsch] mit mir nicht telefoniert

10 Wozu das Gespräch unterm Fenster
11 Werde mich nicht umbringen will dem Künst[ler] Theater dieses Vergnügen nicht bereiten
12 Gerede wirds geben
13 dreierlei Arten sich zu treffen sollte ich unrecht haben
14 Fahrt im Auto
15 daß man Schluß machen soll mit Hinundhergerede
16 Trennung augenblicklich oder wissen was vorgeht«

14.4. 10 Uhr 15. Majakowski erschießt sich in seinem Arbeitszimmer Lubjanski projesd 3.
Der Brief »An Alle« trägt das Datum vom 12. April.
»Die Tatsache, daß ich aus dem Leben scheide, sollt Ihr niemandem zum Vorwurf und, bitte, keineswegs zum Gegenstand von Klatschereien machen. Der Verstorbene hat dies ganz entsetzlich nicht gemocht.
Mama, Schwestern und Genossen, verzeiht mir – das ist keine Art (und ich rate andern davon ab), aber ich habe keinen Ausweg mehr.
Lilja, liebe mich.
Genosse Regierung, meine Familie sind: Lilja Brik, meine Mama, die Schwestern und Veronika Witoldowna Polonskaja. Wenn Du ihnen ein erträgliches Leben bereiten magst, sage ich Dank. Begonnene Gedichte sind den Briks zu übergeben, sie werden sich darin zurechtfinden.
Der Zwischenfall ist,
wie man sagt, bereinigt;
das Liebesboot
mußte am Dasein zerbrechen.
Bin quitt mit dem Leben.

Unnütz und peinlich,
von wechselseitiger
Kränkung zu sprechen.
Laßt, die ihr bleibt, es euch gut gehen.
Wladimir Majakowski

12/IV – 30
Genossen von der WAPP, haltet mich nicht für kleinmütig. Im Ernst, da ist nichts zu machen. Gruß.
Sagt dem Jermilow, es sei schade, daß ich meinen Wandspruch hab fallenlassen, ich hätte diesen Raufhandel bis zum Schluß durchstehen sollen.
W. M.
In meiner Tischlade liegen 2000 Rubel; tilgt damit meine Steuerschuld. Den Rest behebt beim Staatsverlag. *W. M.*

(Aus: Wassili A. Katanjan, Majakowski – literaturnaja chronika, Moskau 1961. Aus dem Russischen von Fritz Mierau, Majakowski-Zitate in der Übersetzung von Hugo Huppert.)

Konstantin Rudnizki
Majakowski und Meyerhold
Zu den Uraufführungen von »Wanze« und »Schwitzbad«

DIE WANZE, 1929

Meyerhold machte sich sofort an die Arbeit, als er das Stück bekam – in sechs Wochen war die Inszenierung fertig. Am Text änderte Meyerhold nicht eine Zeile, allerdings ergänzte Majakowski hier und da auf seine Bitte ein paar Worte.
Für die Ausstattung des ersten Teils, der »Gegenwart«, gewann Meyerhold die Kukryniksy. Den zweiten, »phantastischen« Teil übernahm Alexander Rodtschenko. Der Unterschied war gravierend. Von den Kukryniksy erwartete er maximale Authentizität, Kenntlichkeit, das Ganze mußte als die Banalität von nebenan zu erkennen sein. »Ein Kaufhaus mit all dem Krempel, den die Käufer da herausschleppen, eine Ecke im Wohnheim«, so die Kukrynisky, »liefern das Material für die Ausbreitung der grauenhaften Geschmacklosigkeit des Spießers. Wir begreifen unsere Arbeit als Teil der Kampagne gegen den ›künstlerischen‹ Kitsch, der als Artikel für den täglichen Bedarf den Markt überschwemmt. Die Ausstattung arbeitet mit authentischen Dingen. Auf der Bühne befinden sich ausschließlich echte Sachen, die wir in den Staatsläden und auf dem Markt gekauft haben – Muster schlechter Qualität. Unserer Arbeit an der ›Wanze‹ kamen Beobachtungen in den Spießerwohnungen, auf den vom Oblomow-Schlendrian versauten Behörden, Erlebnisse auf der Straße und bei verschiedenen Festlichkeiten sehr zugute.«
Der Banalität und »Sauerei« der Gegenwart hatte Rodtschenko im zweiten Teil die »Einfachheit, klare Form, Zweckmäßigkeit der Dinge, die Leichtigkeit und Durchsichtigkeit der Konstruktion« entgegenzustellen. Im zweiten Teil, sagte er, gebe es »keine massiven Wände«, sondern eine

»glasähnliche Faktur«, die »Verwandlung weniger Grundkonstruktionen und Grundelemente. Die Kostüme sind plakathaft.« Diese Darstellung des Lebens von 1979 war freilich nicht ernstgemeint. Rodtschenko wollte, daß diese Plakatkostüme – »rosa, blau« – spießige Zukunftsvorstellungen andeuten. Regisseur wie Bühnenbildner empfanden durchaus die »Ironie, die in Majakowskis Zukunftsbildern steckte«.
Die Musik schrieb der junge Dmitri Schostakowitsch. Die Hauptrollen spielten: Igor Iljinski den Prisypkin*, Alexej Temerin den Bajan, Natalja Serebrjanikowa die Rosalia Pawlowna. Die Premiere fand am 13. Februar 1929 statt.
Die erste Episode spielte auf der Straße vor einem Warenhaus. Der Kritiker David Talnikow erkannte sofort die Petrowka: »Ein Stück Petrowka – Warenhaus, Zeitungsverkäufer, Käuferandrang, man feilscht auf Teufel komm raus – Puppen und Büstenhalter, Hering aus der Kiste –, ein leibhaftiger Milizionär, der von der Straße auf die Bühne versetzt scheint, zwischen den Käufern die Straßenhändler, eine Bürgerin, die einen Fisch kauft und sich darüber aufregt, daß der Fisch im Staatsladen um einen ganzen Schwanz kürzer ist als beim Privatmann, Autohupen, Lärm, Geschrei...«
In die malerische Menge hatte Meyerhold ein paar Dutzend wunderlich gekleidete Kleinhändler eingesprengt. Alle diese Bücher-, Luftballon- und Parfümhändler tauchten bald aus den Kulissen, bald aus dem Zuschauerraum, bald hinter den Vitrinen, bald in den Logen der Beletage auf, verkrochen sich, sobald sich der Milizionär sehen ließ, um gleich darauf von neuem hervorzugucken. Dieses üppige Treiben ging dem pompösen Auftritt Prisypkins, Rosalia Pawlownas und Bajans voraus. Iljinski spielte, wie er sagte, den Prisypkin als einen »monumentalen Flegel und Lakai«. Er betonte die »Großspurigkeit des Gangs, gab dem momumentalen Gesicht den blöden Ausdruck eines Kretins, stellte die Beine leicht schief... Bedeutsamkeit wandte sich in Selbstzufriedenheit,

* In der vorliegenden Übersetzung: Streureikin

Sicherheit in den Aplomb des Unwiderruflichen, in hanebüchene Unverfrorenheit«. Der Kritiker Michail Sagorski beschrieb Iljinskis Prisypkin: »Seine dicke Unterlippe hängt herab und seine Augen – spalteng – sind klein und frech, das Bäuchlein weich, rundlich, der Hintern wohlgenährt, satt auch die penetrante Stimme – das quiekt und grunzt.« In dem Streit, den die Premiere der »Wanze« auslöste, wurde Ilinskis Erfolg allgemein anerkannt, sogar von David Talnikow, der sonst Majakowski nicht eben gewogen war.

Den Kritiker Mokulski allerdings irritierte die »weiche Clownsmanier« an Iljinskis Spiel und mehr noch die Beobachtung, daß einige Iljinski mit einem Schauspieler »in der Rolle des Matrosen Schwandja aus ›Ljubow Jarowaja‹, also einer ganz klar positiven Gestalt« verglichen. Iljinski spielte den Prisypkin grob und hart, hier von Weichheit zu sprechen war abwegig. Anders der Vergleich mit Schwandja, der war legitim. Prisypkin war früher selber so ein Kämpfer gewesen. Sein Recht auf »Hegemonie« verteidigend, war der verwegene Haudegen des Bürgerkriegs zum militanten Spießer geworden – genau das hatte Majakowski herausgefunden, der den triumphierenden Lakaien nicht zufällig mit Rosalia Pawlowna und Bajan verband.

Alle drei – Prisypkin, Bajan und Rosalia – waren prächtig herausgeputzt. Meyerhold führte sie in der ersten Episode so, daß sie sich kaum von der Stelle zu rühren hatten. Als monumentales Paar standen sie nebeneinander. Prisypkin – solider brauner Mantel, forsch zurückgeschobene Mütze. Madam Renaissance – weinrotes Hütchen mit Perlenbesatz, schwarzer Seidenmantel mit Silberfuchskragen. Die Händler boten ihnen nacheinander ihre Waren an. Bajan dagegen – gewandt, behende, zupackend, kurzer Mantel, karierte Hosen – tauchte hechtgleich in die Menge und schoß geschwind durch den Pulk der Käufer und Verkäufer. Er war wie die Dynamik selbst, eine servile Dynamik, die die majestätische Statik Prisypkins und Rosalias bediente. Die dramatische Szene mit Soja Berjoskina brachte in die buntbewegte Lebensfreude der Episode eine für Meyerholds Kompositionen charakteristische rhythmische Unterbrechung. Das klang nervös, krankhaft, der kurze Aufschrei einer Frau, und wurde sofort von der satten Flegelstimme Prisypkins übertönt.

Die zweite Episode – die Tanzstunde – wurde als grobe Farce gegeben. Mit den übrigen Passagen der Komsomolzen, die Majakowski ziemlich lasch und salzlos geschrieben hatte, kam Meyerhold nicht zurecht. [...]

In der Episode der »roten Hochzeit« aber ließ Meyerhold seiner Phantasie freien Lauf. Der Regisseur inszenierte eine Spießerorgie, an der außer den bei Majakowski vorkommenden Personen noch viele ohne Text teilnahmen – Kellner, Diener, Friseure. »Was ihr erreichen müßt,« prägte Meyerhold seinen Schauspielern ein, »ist Schwulst, künstliche Wichtigkeit, künstliche Prominenz, künstliche Bedeutsamkeit, künstliches mondänes Treiben... Der Zuschauer muß, wenn er das Theater verläßt, allem Alten, Schweinischen, Reaktionären und Wanzenartigen in unserem Leben Paroli bieten können.«

Nach der kurzen Feuerwehrszene setzte Schostakowitschs stürmisches groteskes musikalisches Intermedium ein... Das Komische wandte sich in Schostakowitschs ausgelassener und explosiver Musik in eine düstere Kakophonie. Schostakowitschs Intermedium bezeichnet den Schnitt zwischen den beiden ungleichen Teilen.

In einigen theatergeschichtlichen Arbeiten findet man die Meinung, Meyerhold habe »nicht den richtigen Zugang« zum zweiten Teil der Komödie gefunden... Meyerhold selbst stützte diese Auffassung, als er acht Jahre nach der Premiere sagte, in seiner Inszenierung seien die »Konturen der Zukunft nicht in ihrer vollen Konkretheit zu spüren gewesen«. Doch viele Rezensenten der Premiere hatten damals den zweiten Teil für den besseren gehalten. Der Kritiker Turkeltaub: »Mit Rodtschenkos Hilfe, der die beiden letzten Akte in ihrer Gegenständlichkeit glänzend ausgestattet hat, mechanisiert der Regisseur das äußere Leben der zukünftigen Gesellschaft, wobei er übrigens die Mechanisierung auch auf die Volksabstimmung ausdehnt (die automatischen Arme, die für Prisypkins Wiedererweckung stimmen). Mit dieser Vorführung der neuen Lebensweise wird es auf der Bühne bewegter, fröhlicher auch im Zuschauerraum. Die Demonstration der Typen, die von dem aufgetauten Prisypkin angesteckt werden (Säufer, Mondsüchtige, Bisexuelle usw.), ist ausgesprochen gelungen.«

Pawel Nowizki kritisierte den ersten Teil ziemlich scharf und zog ihm den zweiten vor. »Die Kukryniksy boten statt einer ätzenden Karikatur ein geschmacklos naturalistisches Milieu und entschärften so die ideologischen Angriffe des Stücks. Überhaupt ist der erste Teil ungenügend durchgearbeitet. Das bissige Wortmaterial des Stücks gelangt nicht in seiner vollen Schärfe zum Zuschauer. Der zweite Teil ist dagegen gut durchgeführt. Rodtschenkos Konstruktion entführt uns in die Welt der einfachen und klaren Formen, die wir der Industrie- und Labortechnik verdanken. Die neuen Menschen sind nicht abstrakt und schematisch dargestellt, was immer die große Gefahr bei Bildern von der Zukunftsgesellschaft auf dem Theater ist.«

Einige von Meyerholds szenischen Lösungen im zweiten Teil waren tatsächlich ausgezeichnet. Das feierliche Auftauen zum Beispiel: Inmitten der silbern ausgeschlagenen Bühne, umgeben von sechs Ärzten in weißen Kitteln lag unter der Glashaube der schlafende Prisypkin – ein schwarzer Schmutzfleck, den man vergessen hatte, zu entfernen. Hinter ihm leuchteten irgendwelche Geräte, Zifferblätter, Knöpfe, Schalter. Die ganze Prozedur stand unter dem Kommando eines unnahbaren Professors, auch ganz in Weiß, versteht sich. Auf seinen Befehl wurden die Schalter bedient, Klingeln ertönte, Signallämpchen leuchteten auf. Prisypkin wurde hervorgeholt, mit dem Gesicht zum Publikum aufgestellt, massiert und abgerieben. Keine Reaktion. Endlich eine erste Bewegung. Prisypkin hob plötzlich seinen Arm, in dem er die Gitarre hielt, reckte

sich genüßlich, blinzelte, öffnete die Augen und fragte mit der vertraut verschlafenen Stimme: »Auf welchem Milizrevier sind wir hier?«
Dann hatte Iljinski seinen Auftritt mit der Wanze. Er wurde nur von der Schlußszene im Käfig überboten. Der Kritiker Michail Sagorski schrieb dazu: «Iljinski sitzt im Käfig, trinkt Wodka, raucht eine Zigarette und macht gleich danach so eine elegante Zirkusgeste. Ich glaubte in dieser leicht gelangweilten Handbewegung einen Anflug von Verachtung für die Menschen zu sehen, die sich erlaubt hatten, einen vielleicht rückständigen, verspießerten, aber – Teufel noch mal! – lebendigen Menschen zu Studium und Demonstration in einen Käfig neben die Wanze zu setzen.«
Die sehr genaue Beobachtung Sagorskis macht deutlich, daß die beißende Satire Majakowskis und Meyerholds, die beide nichts weniger beabsichtigten, als in Prisypkin einen Menschen zu sehen, der Mitleid verdient und sei es deshalb, weil man da einen – »Teufel noch mal!« – lebendigen Menschen vor sich hatte, Ende der 20er Jahre nicht ohne Verwicklungen aufgenommen wurde. Viele Rezensionen kritisierten das plakathaft Grobe des Stücks... In Frage gestellt wurde die Möglichkeit oder besser die Zulässigkeit plakathaft attackierender, kämpferischer Satire. Mit der RAPP-Theorie des »lebendigen Menschen«, nach der in jeder Gestalt dialektisch der »Kampf der Gegensätze« aufzudecken war, korrespondierte Majakowskis Satire überhaupt nicht, die ja direkt »ins Gesicht sagte, wer die Kanaille ist«. Doch die Russische Assoziation proletarischer Schriftsteller (RAPP) hatte die Schlüsselpositionen in der Literatur bereits besetzt, die Majakowski-Hetze war schon im Gange. Mehr noch: Die Tendenz selbst, das Spießertum anzugreifen, stieß auf einen wohl dumpfen und nicht deutlich artikulierten, aber doch sehr hartnäckigen Widerstand. Das Spießertum war inzwischen tiefer und höher in das Leben vorgedrungen, schon diktierte es der Kunst seine Forderungen (Majakowski wußte das, als er Bajan in die »Wanze« einführte und später dem Vordringen

des Spießers in die Kunst sein »Schwitzbad« widmete). So kam es, daß der Versuch, den Spießer aus der Schußlinie zu nehmen, so etwas wie eine durchgehende Handlung aller Rezensionen bildete, deren Verfasser sich sauer oder böse über die »Wanze« äußerten. Verteidigt wurde der Spießer natürlich nicht. Aber von Rezension zu Rezension wanderte die Behauptung, Majakowski habe nicht den »richtigen« Spießer gefaßt und den Schuß seiner Satire »in die falsche Richtung« abgefeuert. [...]

Im Gefolge der Kritiker, die den »ungefährlichen« Prisypkin in die Vergangenheit abschoben, schrieb B. Alpers, daß Majakowski und Meyerhold in der »Wanze« dem »heutigen Spießer überzeitliche Züge verliehen« hätten. »Was da vor sich geht, ist die vielfache künstliche Vergrößerung des herausgegriffenen Fakts. Eine Erscheinung im sozialen Milieu, die klassenmäßig bedingt, typisch nur für einen gegebenen, verhältnismäßig kurzen Zeitraum ist, wird zu einer Angelegenheit der Menschheitsgeschichte, charakteristisch für eine unbestimmt lange geschichtliche Periode.«

Man höre genau hin. Hier sind die Haupteinwände jener Zeit gegen Majakowskis Satire beieinander. Man behauptet, Theater sei »kein Spiegel, sondern ein Vergrößerungsglas«? Die herausgegriffenen Fakten dürfen aber nicht künstlich vergrößert werden! Unangenehme »Erscheinungen im sozialen Milieu« sind nur für einen »verhältnismäßig kurzen Zeitraum« typisch, müssen folglich als Detail geboten werden.

Damit wurde das Prinzip der satirischen Verallgemeinerung und erst recht der satirischen Hyperbolisierung verworfen.

Satire war unzeitgemäß. Für eine kurze, aber entscheidende Zeit herrschte der ästhetische Kanon der RAPP. [...] Durchgesetzt wurde ein leiser, nachdenklicher Pseudopsychologismus, mit dessen Hilfe der »Feind« als ein vereinzeltes, seelisch angeschlagenes, unter dem Einfluß bürgerlicher Ideologie geratenes daher überflüssiges und der Ausrottung wertes Subjekt dargestellt wurde. Die Awerbach-Jermilow-Linie des »lebendigen Menschen« verweigerte der Kunst im Grunde das

Recht auf soziale Analyse und soziale Verallgemeinerung. Der Vulgärsoziologie wurde der Krieg erklärt, gekämpft wurde aber nicht gegen die vulgäre sondern gegen jede Soziologie, gegen jeden Versuch, in den Maßstäben der Gesellschaft zu denken.

Unter diesen Umständen wollte man natürlich Prisypkin nicht für eine wirkliche Gefahr halten. Man versteht nun auch, warum in den schöngeisternden Rezensionen, die Majakowski empfahlen, sich ein »anderes Modell« zu suchen, sehr harte, metallische Töne mitschwangen. Der Verfasser einer dieser Rezensionen bemerkte wie nebenbei, daß in Majakowskis Komödie »die Darstellung der Menschen in der zukünftigen Gesellschaft einen ziemlich unangenehmen, ich möchte fast sagen, antisowjetischen Beigeschmack hat. Diese Leute sind alle gleich, in standardisierten Anzügen, dürr, gesichtslos, mechanisch, automatisch. Majakowskis Sozialismus ist der Sozialismus der Vegetarier und ›Enthaltsamen‹«. Mehr noch, Majakowskis Phantasie gerate in die Nähe jener »bürgerlichen Autoren, die böse Pamphlete auf den Sozialismus verfassen«. Besonders hervorgehoben wurde, daß »Majakowski hier überhaupt nicht satirisch ist, die Menschen der Zukunft sind nicht das Objekt seiner Satire. Offensichtlich stellt er sich die neue Ordnung tatsächlich so vor. Dann aber ist sein Stück vom sowjetischen Standpunkt aus äußerst zweifelhaft.« [...]

Der Kritiker wurde ein Opfer seiner Humorlosigkeit: Zweifellos hatte sich Majakowski, als er die Zukunft entwarf, lustig gemacht und für den Fall solcher kuriosen Unterstellungen angemerkt: »Selbstverständlich zeige ich nicht die sozialistische Gesellschaft.« Ausgelassen improvisiert hatte auch Meyerhold. Später, als Majakowski zum »besten und begabtesten« erklärt wurde, Meyerhold dagegen für »volksfremd«, orientierten sich die gewieften Interpreten souverän in der neuen Lage und stellten die Sache so dar: Majakowski hatte das inspirierte Bild einer schönen Zukunft geschaffen, Meyerhold aber hatte es entstellt, verleumdet und ihm jenen »antisowjeti-

schen Beigeschmack« gegeben, den man früher dem Dichter angelastet hatte.
Doch das kam alles erst später. 1929 und 1930 standen Majakowski und Meyerhold nebeneinander, begegneten vereint den Attacken der Kritik und antworteten mit der Inszenierung von »Schwitzbad«.

SCHWITZBAD, 1930

Die neue Komödie entzückte Meyerhold noch mehr als die eben inszenierte »Wanze«. Auf einer Beratung in seinem Theater sagte Meyerhold am 23. September 1929: »Es ist die souverän eingesetzte Theater-Phantasmagorie, die Majakowski zum Dramatiker macht, nicht zu einem Agitka-Schreiber, sondern zu einem Dramatiker der Volkskomödie von äußerst eingängiger Sprache. Er verpaßt seine witzigen Hiebe in einer Weise, daß sie den naiven Zuschauer, jeden Arbeiterbesucher grob amüsieren werden. Diese Hiebe sitzen und werden die Leute in Rage bringen. [...] Die Leichtigkeit, mit der das Stück geschrieben ist, hatte in der Geschichte des Theaters nur ein einziger Dramatiker – Molière. [...] Sollte man mich fragen, ob dieses Stück ein Ereignis ist oder nicht, würde ich ohne Zögern anworten: Es ist ein ganz großes Ereignis in der Geschichte des russischen Theaters, es ist ein gewaltiges Ereignis, und wir müssen vor allem dem Dichter Majakowski gratulieren, der es fertiggebracht hat, uns eine Prosa zu liefern, die meisterhaft gearbeitet ist wie ein Vers. Das Wortmaterial so zu bearbeiten und aufzutürmen, wie Majakowski das gemacht hat! Ich höre seine Prosa, die von unseren Tagen spricht – wie ist das geschrieben!«
Anschließend erinnerte Meyerhold an Puschkin, an Gogol. Im Unterschied zu vielen seiner Zeitgenossen war er fest davon überzeugt, daß er mit einem Genie zusammenarbeitet.
Nach seinen Klassikerinszenierungen begriff Meyerhold Majakowskis Komödien als die unmittelbare Weiterführung

der großen literarischen und theatralischen Traditionen. Die Tiefe der satirischen Figuren, die Weite der Verallgemeinerungen, die sprachliche Prägnanz – all das gab in Meyerholds Augen Majakowskis Komödien Weltbedeutung. Sie waren für ihn die direkte Fortsetzung der künstlerischen Ideen – nun an neuem, zeitgenössischen Material –, die er im »Revisor« und »Wehe dem Verstand« ausprobiert hatte. Jeden Gedanken an Änderung oder Zusatz wies Meyerhold weit von sich. »Dem Genossen Majakowski eine Umarbeitung der Sache zuzumuten hieße in einen Brunnen mit duftendem Wasser spucken. Mit Entsetzen denke ich daran, daß ich als Regisseur diese Sache antasten muß. [...] An dieser Sache gibt es nichts zu verbessern. [...] Dieses Stück muß so kommen, wie es geschrieben ist.«

Meyerholds Entzücken erregte besonders, daß in dieser Komödie den gemeinsamen Gegnern in der Kunst eine zornige satirische Abfuhr erteilt wurde. Majakowski verteidigte im »Schwitzbad« Meyerholds Theaterideen in einer für den Regisseur ziemlich kritischen Periode, und zwar so brillant, wie es für Meyerhold undenkbar, unerreichbar gewesen wäre.

Als Polemiker war Meyerhold Majakowski weit unterlegen. Er gab zu oft der persönlichen Abneigung gegen seine Widersacher nach, entriß ihnen bereitwillig die Waffe der Demagogie, operierte geschickt mit der aktuellen Zeitungslosung und versteckte sich eher hinter der tönenden Phrase, als daß er wirklich seine Ideale, seinen Geschmack, seine Überzeugungen verteidigte. [...] Daher sagen die erhalten gebliebenen Reden und Aufsätze Meyerholds aus der sowjetischen Zeit mehr über die konkreten Bedingungen, unter denen sie entstanden, als über sein künstlerisches Suchen, seine Entdekkungen, seine Vorstellungen. »Schwitzbad« war eine Art ästhetisches Manifest, unter das auch Meyerhold entschieden seinen Namen setzte.

Die Bedeutung einer prinzipiellen gemeinsamen Deklaration Majakowskis und Meyerholds hatte vor allem die programma-

tische Szene im Theater (der 3. Akt des »Schwitzbads«). Satirisch abgefertigt, bewußt verblödelt, Hohn und Gelächter ausgeliefert wurden hier alle die Vorwürfe, mit denen man Meyerhold ewig zusetzte: »Unnatürlich, lebensfremd, unähnlich«, alle die Forderungen, die stur an ihn gestellt wurden: »Das muß man umarbeiten: mildern, poetisieren, abrunden. [...] Sie sollen meinem Ohr schmeicheln und nicht aufrütteln, Ihre Sache ist, den Augen zu schmeicheln, und nicht aufzurütteln.«
Majakowski hatte in der Kunst der ausgehenden zwanziger Jahre mit der Hellsicht des Genies die Elemente jenes Geschmacks entdeckt, der anderthalb Jahrzehnte später dominieren würde: »Natürlich, die Kunst muß das Leben widerspiegeln«, sagte die Mesallianzowa, »das schöne Leben, schöne lebendige Menschen.« Und Iwan Iwanowitsch sekundiert: »Ja, ja! Machen Sie es uns schön! Im Bolschoi-Theater macht man es uns schön. Haben Sie den Roten Mohn gesehen? Ich hab den Roten Mohn gesehen. Erstaunlich interessant! Überall flattern, singen, tanzen mit Blumen in der Hand Elfen und... Syphiliden.«
Zusammen mit dem Bolschoi-Theater, wo »man es uns schön macht«, bekam auch das Künstler-Theater eins ab. »Ja, und ja! Haben Sie die ›Quadratur der Kirsche‹ gesehen? Ich habe den ›Onkel der Turbins‹ gesehen. Erstaunlich interessant!« Ironisch setzte Majakowski »Kirschgarten« und »Quadratur des Kreises«, »Onkel Wanja« und »Die Tage der Turbins« gleich. Das sollte heißen, die Zeiten ändern sich, aber das Künstler-Theater ändert sich nicht, bleibt das Theater der Tschechow-Töne. In diesem Punkt hatte er unrecht, eher hätte man sagen können – und viele sagten das sehr vernehmlich –, daß das Agitationstheater zurückgeblieben und zur Wirklichkeit in Widerspruch geraten sei.
Aber die große Szene im Theater verhöhnte nicht nur die Theater, in denen »man es uns schön macht«. Sie parodierte auch ausgiebig den Agitka-Stil. Der Regisseur im »Schwitzbad« kommandiert: »Freies männliches Personal – auf die

Bühne! Beugen Sie ein Knie, mit versklavtem Ausdruck nieder. Hauen Sie mit unsichtbarer Hacke in der sichtbaren Hand unsichtbare Kohle. Die Antlitze, die Antlitze viel finsterer... Dunkle Mächte drücken Euch boshaft nieder. [...] Bitte hierher, Genosse Kapital. Tanzen Sie über allen mit dem Ausdruck der Klassenherrschaft.«

Dieser ganze Murks bedeutete nichts anderes, als daß die Agitationskunst zu einer Spekulationskunst geworden war, daß an die Stelle der edlen Naivität und des rauhen revolutionären Pathos des Bürgerkriegs zynische Anbiederung getreten war, etwas nicht minder Spießiges und ebenso inspiriert von der Losung »Machen Sie es uns schön«. In dieser Hinsicht hegte Majakowski keinerlei Illusionen. Seine Parodie gipfelt in den Sätzen: »Umwindet mit vorgestellten Girlanden die Arbeiter der weltallumspannenden Armee der Arbeit, symbolisiert die Blumen des Glücks, die im Sozialismus erblühen. Gut! Wenn Sie gestatten! Fertig!«

Das war es: »Wenn Sie gestatten!« In dieser Ergebenheitsfloskel steckte das ganze ästhetische Programm, das die Agitka Ende der zwanziger Jahre übrigbehalten hatte.

Ein Jahr vor »Schwitzbad« war Bulgakows Parodie »Die Purpurinsel« von Tairow am Kammer-Theater aufgeführt worden.

Bulgakow attackierte den Agitka-Kitsch, machte sich über die Einteilungsklischees der handelnden Personen in »Weiße« und »Rote« lustig und verhöhnte den Zynismus und die Käuflichkeit der Theatermanager.

Der Agitka stellte Bulgakows Parodie den ewigen »Zauber« wahren Theaters entgegen. Dieses Programm, das der Politik wie den radikalen sozialen Veränderungen gegenüber gleichgültig blieb, konnte weder Majakowski noch Meyerhold begeistern. Sie suchten andere Lösungen. Majakowski schrieb zur »Schwitzbad«-Aufführung Losungen im Geiste der bekannten ROSTA-Fenster. Wieder die Schmähung »speichelnder Psycholügie«, einer Kunst, die die »Wohnungs-Käfige« darstellt, wieder der Vorschlag, die »MCHATS« (die

»Künstler-Theater«) durch »Massenschaustellungen« zu ersetzen. Majakowski schleuderte seinen Bannfluch gegen das Künstler-Theater wie gegen das Bolschoi- und das Kammer-Theater, forderte, »die Individuen aus den Priestertalaren« zu schütteln. Die lautstarke Sprache der Losungen erinnerte an Terminologie und Pathos aus den unwiederbringlich vergangenen Zeiten des »Theater-Oktober«. »Wie vor vielen Jahren«, notierte B. Alpers melancholisch, »kämpft Meyerhold gegen die ›AK's‹ [die akademischen Theater] – Ballett wie Oper – und gegen das MCHAT, indem er im »Schwitzbad« riesige Mengen vergifteter, aber verspäteter Pfeile – Epigramme und zornige Losungen – verschießt.«
Übrigens lag es nicht nur daran. Man fragte sich unwillkürlich: Wenn das Künstler- und das Bolschoi- und das Kammer-Theater und überhaupt alle Theater, wo »man es uns schön macht«, schlecht sind, wenn die »Psycholügie« der Individuen, die in den »Wohnungs-Käfigen« hocken, niemand braucht, die »Massenschaustellungen«, die in den Losungen gelobt und im »Schwitzbad« selber parodiert werden, zu Murks entartet sind – welche Richtung beabsichtigt dann das Theater Majakowskis und Meyerholds einzuschlagen?
Antwort gab nur einer der Vierzeiler:

»Stell Scheinwerfer auf,
daß die Rampe Licht hat.
Dreh auf,
daß die Handlung
fliegt ohne Rast.
Das Theater ist
kein widerspiegelnder Spiegel,
sondern –
ein scharfes
Vergrößerungsglas.«

Diese Verse sind in die Lesebücher eingegangen, entschärft durch ewiges Zitieren. Dennoch kann man sich leicht vorstellen, wie die klangvolle Formel Meyerhold begeisterte: Sie war wie ein Konzentrat seiner langjährigen Regiearbeit. Majakowski sagte in diesen Tagen: »Das Theater hat vergessen, daß es Schau-Spiel ist. Wir wissen nicht, wie wir dieses Schau-Spiel für unsere Agitation verwenden sollen. Dem Theater das Schau-Spielerische wiederzugeben, die Bretter zur Tribüne zu machen – das ist das Wesen meiner Theaterarbeit.« Und fügte hinzu: »Daher habe ich das ›Schwitzbad‹ Meyerhold gegeben, dem Wirksamsten, dem Publizistischsten.«

Entscheidend ist, zu begreifen, wie Majakowski sein Ziel zu erreichen vorhatte. Was konkret bedeutete das Prinzip des »Vergrößerungsglases«?

Vergleichen wir »Wanze« und »Schwitzbad« nur einmal mit »Mysterium Buffo«, so entdecken wir sofort in den Komödien Majakowskis neue Mittel. Agitation wird anders verstanden, von der »Tribüne« wird etwas anderes gesagt. Die sozialen Masken des »Mysterium Buffo«, jene Allegorien und bedingt bezeichneten Figuren werden abgelöst von monumentalen sozialen Typen – Prisypkin, Bajan, Pobedonossikow*, Optimistenko und den anderen, die detailliert demonstriert werden – in ihrer ganzen Lebenskonkretheit und, wie es einer der schärfsten damaligen Gegner des Dichters, W. Jermilow, nannte, »verriesenhaftet«. Die satirische Hyperbel in diesen neuen Komödien Majakowskis arbeitete mit dem konkretesten Material der Gegenwart. Unter das »Vergrößerungsglas« gerieten Figuren, die jedermann kannte. Der Dichter zerrte sie auf die Bühne mit ihrer ganzen Umgebung, ihrem Milieu, verspottete ihre Gewohnheiten, Verhaltensweisen, das von ihnen entwickelte System der Demagogie und Anbiederung.

Kurz: die in spekulativen Kitsch ausgeartete Agitka des Kriegskommunismus schroff verabschiedend, suchten und fanden Majakowski und Meyerhold neue Formen eines modernen politischen und agitatorischen Theaters. Anknüpfend an die satirischen Traditionen Gribojedows, Gogols, Schtschedrins, realisierten sie an Stelle des Prinzips der

* In der vorliegenden Übersetzung: Triumphanschikow

sozialen Maske das des differenzierten und umfassenden satirischen Angriffs auf sozialen Typen, die den sittlichen Normen und Idealen der neuen Gesellschaft feind waren.
Indem sie diese feindlichen Kräfte »verriesenhafteten« und alle Mittel der Bühne einsetzten, um dieses soziale Übel zu zeigen, waren sie beide auf nichts weniger aus, als zu behaupten, daß diese von ihnen erkannte Gefahr leicht zu bestehen sei. Daß in der »Wanze« wie im »Schwitzbad« die Befreiung von den Prisypkins und Pobedonossikows mit der Hoffnung auf die Menschen einer fernen Zukunft, mit Phantastik und Utopie verbunden ist, ist sehr bezeichnend. Das phantastische Verfahren der Verlagerung in die Zukunft erlaubte es, die optimistische Prognose aus der Gegenwart »auszuklammern«, die Widersprüche bedingt aufzuheben und sie nicht im heutigen dramatischen Kampf zu lösen. Majakowski arbeitete mit diesem Verfahren in der »Wanze« – der Komödie des Spießertums. Er arbeitete erneut damit in »Schwitzbad« – der Komödie des Bürokratismus.
In seinen Interviews vor der Premiere verknüpfte Meyerhold nachdrücklich die Satire mit dem Pathos des »Schwitzbads«. »Majakowski zeigt in seinem neuen Stück ›Schwitzbad‹ das Drama eines Arbeitererfinders im Kampf mit Bürokratismus, Schlendrian und Praktizismus. Das ist eine Linie des Stücks. Die andere Linie: ein Dithyrambus auf den Heroismus des Proletariats, mit dem es die Schwierigkeiten überwindet, die auf seinem Weg zum Sozialismus auftreten.«
Doch noch bevor Meyerhold seine Inszenierung zeigen konnte, wurde »Schwitzbad« erbittert angegriffen. Die Komödie Majakowskis attackierten vor allem die Kritiker der RAPP, der Majakowski am 6. Februar 1930 beigetreten war. »Majakowski«, erinnerte sich J. Libedinski, einer der ehemaligen RAPP-Führer später, »warf uns Psychologisieren vor und wir ihm die Reduzierung der Kunst auf Agitka und Plakat.« Man war der Meinung, daß Majakowski, wenn er schon der RAPP beitrat, auch seine Kunst den Prinzipien dieser damals allmächtigen Organisation unterordnen müsse. Nun stimmte

aber die Satire des »Schwitzbads« nicht mit den Prinzipien der RAPP-Theorie vom »lebendigen Menschen« und dem ganzen Theaterkonzept der RAPP überein. Obwohl die RAPP-Funktionäre nicht direkt davon sprachen, aber Satire paßte im Prinzip überhaupt nicht in ihr Programm. Daher erschienen sofort Artikel, die zeigten, daß Majakowski wieder nicht die richtige Zielscheibe gewählt habe und eine Scheingefahr angreife. »Uns schien damals«, bekannte Libedinski, »daß Majakowski, wenn er in der ›Wanze‹ das ›Problem der Entlarvung des heutigen Spießers‹ anging, übertrieb und daß mit dem Spießer längst abgerechnet sei. Heute sehen wir, daß Majakowski recht hatte und nicht wir.« Das gleiche gilt aber für den Bürokratismus, den das »Schwitzbad« angriff. Einer der aktiven RAPP-Funktionäre, W. Drusin, schrieb 1929 in seinem Kommentar zu beiden Stücken: »Die satirische Darstellung des Spießers (›Wanze‹) und des Bürokraten (›Schwitzbad‹) ist einfach zu klein geraten. So ein dummer Bilderbuch-Spießer und so ein übertriebener Bürokrat – sie sind einfach nicht glaubwürdig, und der Kampf gegen sie lohnt sich eigentlich nicht. Die wirklichen Feinde des neuen Lebens sind eben doch geschickter, klüger und gefährlicher. Und der Kampf gegen sie muß mit feineren und tieferen Mitteln geführt werden, nicht so oberflächlich, sondern ›die Wurzel packend‹. Majakowskis Buffonaden schießen trotz allen unbezweifelten Scharfsinns am Ziel vorbei.«
W. Jermilow erklärte, im »Schwitzbad« sei eine »falsche ›linke‹ Note« zu hören, Majakowski zeigte in Pobedonossikow die ausgedachte Figur eines »Parteientarteten« und, was das allerschlimmste sei, »verriesenhafte die ›Pobedonossikowerei‹ bis zu einem Maß, daß sie nichts Konkretes mehr« treffe. Die ganze Figur des Pobedonossikow, fuhr er fort, »ist überhaupt unerträglich falsch. So ein reiner, glatter, vollkommen ›makelloser‹ Bürokrat, Grobian und vollendeter Schurke [...] – überhaupt unwahrscheinlich schematisch und unglaubwürdig.«
Das klang alles ziemlich drohend. Meyerhold beeilte sich, das

Stück zu verteidigen. »Im ›Schwitzbad‹ verpottet Majakowski die Pobedonossikows. Wie konnte W. Jermilow nur darauf verfallen, daß Triumphanschikow ein Parteientarteter ist?« fragte Meyerhold naiv, aber nicht ohne List. »W. Majakowski nimmt keinen Parteientarteten unter satirischen Beschuß, wie das W. Jermilow darstellen möchte. Majakowski zeigt in seinem Stück meisterhaft den tragischen Konflikt zwischen dem Arbeiter-Erfinder und dem Bürokratismus, dem Schlendrian, dem Praktizismus. Das ist die eine Linie des Stücks. Die andere Linie: Majakowski zeigt in mehreren szenischen Situationen seine Begeisterung für die Anstrengungen des Proletariats, alle Hindernisse auf dem Weg zum Sozialismus zu überwinden, das Tempo bei der Verwirklichung der von der Partei gestellten Losung. ›Einholen und überholen‹ zu erhöhen und trotz der ungünstigen Lage in den internationalen Beziehungen koste es was es wolle zum Sozialismus zu kommen. Hier entwickelt der Dichter das Pathos der Horizonte, des Erfindungsgeists, des Tempos.«
Aber Jermilow war nicht so leicht zu beschwichtigen. Er führte einen ganzen Schwall von Zitaten aus dem Stück an, um zu »zeigen, daß wir es deutlich mit einem Parteientarteten zu tun haben«, und äußerte sich dann zur Figur des Pobedonossikow selbst. »Der Notiz von Genossen Meyerhold nach zu urteilen, ist er in der Aufführung nicht der konkrete Träger der Erscheinung, die wir Parteientartung nennen. Das ist gut und schlecht zugleich. Gut, weil er so, wie er in dem gedruckten Auszug erscheint, Elemente von Falschheit zeigt, die ihn hindern würden, ein überzeugender konkreter Träger dieser Erscheinung zu sein. Schlecht, weil die Selbstkritik ›ohne Ansehen der Person‹ vom Theater größere Kühnheit verlangt und nur einige Theaterbeamte, die leider noch in einigen leitenden und koordinierenden Theaterbehörden sitzen, gegen die gesellschaftliche Verspottung auch dieser Figur opponieren könnten. Aber das Theater darf nicht abstrakt ›kühn‹ sein, es muß in der Lage sein, konkrete gesellschaftliche Erscheinungen zu zeigen, es darf nicht Windmühlenflügel

bekämpfen und nicht konkrete soziale Kategorien durch abstrakte ersetzen.«
Eine unerfreuliche Situation. Klar war, daß die RAPP-Kritiker sich hartnäckig weigerten, die neuen ästhetischen Entdeckungen, die Majakowski anbot, zur Kenntnis zu nehmen. Daß gerade das Verallgemeinernde, das Umfassende der »Schwitzbad«-Figuren als Mangel verstanden wurde. Hinter all den tönenden Phrasen Jermilows verbarg sich ein für die RAPP-»Plattform« höchst bezeichnender Gedanke: Kritisieren und satirisch bloßstellen kann man nur konkrete einzelne Mängel. Jede Verallgemeinerung ist ein Fehler (später hieß es Verleumdung). Zur Kühnheit aufrufend, trieb Jermilow zur Feigheit.
Die Rede vom Kampf gegen die Windmühlenflügel bedeutete übrigens, daß Jermilow wohl verstand, mit wem er es zu tun hatte. Tatsächlich bereiteten Majakowski und Meyerhold mit donquichottescher Unbesonnenheit, die konkreten Zeitumstände, darunter Jermilows Aufsätze ignorierend, ihre Aufführung vor. Die Arbeit stieß auf viele Hindernisse. Majakowski wollte, daß Iljinski den Pobedonossikow spielte, aber Iljinski gefiel »Schwitzbad« nicht, er lehnte die Rolle ab, was er später bedauert hat. So bekam M. Strauch die Hauptrolle. Die Ausstatter der Aufführung S. Wachtangow und A. Deineka (der die Kostüme und Masken entwarf) arbeiteten unmittelbar unter Meyerholds Leitung. Ihm schwebte eine Konstruktion vor, die »statisch Emporstrebendes« mit »kinetischer Kraft« verbände, was durch eine besondere Bühnenkonstruktion erreicht werden sollte.
Die Lösung, die man fand, war einfach, aber nicht besonders ausdrucksstark. Hier der massige bürokratische Komfort der Kanzlei Pobedonossikows mit ihrem riesigen Ledersessel, mit der Unmasse von Telefonen, da die leichte dreiteilige Treppe, über die die Helden in die Zukunft abzogen. Hier die modernen, sogar sehr flott geschneiderten Anzüge der Institutionsbonzen, da die Arbeitskleidung der Erfinder, das Trikot und der Helm der Phosphoreszierenden Frau. Hier die

bürokratisierte Prosa der Gegenwart – da die Phantastik und Poesie der Zukunft. Die »Zeitmaschine« konnte Meyerhold nicht bauen: Das verlangte Effekte, die sein verarmtes Theater nicht bezahlen konnte. (Wahrscheinlich deshalb weist Majakowski im Text an, daß Tschudakow, Dwoikin und Troikin eine »unsichtbare« Maschine hereintragen.) Die Schauspieler bedauerten das. M. Suchanowa schrieb zum Beispiel: »Die Zeitmaschine hätte die Bürokraten, vorneweg den Haukooko Pobedonossikow, hinauswerfen müssen, das wäre ein Finale gewesen. Doch das fehlte, alle kletterten die Konstruktion hinauf, mit Koffern und Päckchen, und der Zuschauer verstand nicht genau, was da eigentlich los war. Das war ein großes Versäumnis.«

Die Kritik hatte alles mögliche an »Schwitzbad« auszusetzen. Aus den Rezensionen der RAPP-Kritiker hörte man am stärksten heraus, daß Majakowskis Satire das Ziel verfehle, daß dem Stück wie der Aufführung »Leben und Kampf in ihrer heutigen Konkretheit« fehlten, daß das »Schema des Bürokratismus außerhalb des Klassenkampfs und der konkreten Mechanik des Aufbaus« gefaßt sei.

Übrigens wurde auch ein ganz anderes System von Ablehnungen ziemlich breit entwickelt. Der Rezensent der Zeitschrift »Rabotschi i teatr« (wahrscheinlich W. Bljum) war durchaus nicht der Meinung, daß die Satire des »Schwitzbads« am Ziel vorbeigehe. Im Gegenteil: »Der agitatorische Mauerbrecher des ›Schwitzbads‹ ist gegen den Bürokratismus der Sowjetkanzleien gerichtet – das Objekt der Satire Majakowskis ist in der Sprache, im sprachlichen Umgang aller dieser Tinten-Haukookos Typ Pobedonossikow und ihrer Optimistenko-Sekretäre fixiert: Mit nichts anderem als mit dem Sprachstil spießt Majakowski seine Opfer auf die Stecknadeln, hängt sie an Häkchen auf und spielt mit ihnen wie mit Gummipuppen.«

Der Kritiker empfand jedoch die ganze dramaturgische Beschaffenheit der Sache als veraltet. »Majakowskis ›Schwitzbad‹ kann nicht anders wirken als eine verspätete Demonstration der Agitka, die den ›Zug der Zeit‹ verschlafen hat. Das Schema der Blauen Blusen liegt diesem losungszerfransten Attraktionsdrama mit Zirkus und Feuerwerk nackt zugrunde. [...] Die Aufführung des ›Schwitzbads‹ ist als clownesk-schaubudenhafte Buffonade in einer Art realisiert, wie sie immer als die rechte Hand der Agitka auftrat und deren entlarvendem Pathos sekundierte. Aber der Zuschauer von heute begegnet dieser Agitationsbuffonade kühl und unkonzentriert. Der enorme Mangel an geistiger Substanz hat sie verdorren lassen. Die Buffonade amüsiert nicht mehr, die Agitka agitiert nicht mehr. Ausgezehrt, bieten beide dem Theater nur noch ihre äußere ›Biomechanik‹: Die Schauspieler werden manchmal durch Puppen ersetzt, Haukookos, die auf Exzentrik machen, sich ziehen lassen wie Gummi, Sekretäre blasen in ihre leergerauchte Tabakspfeife wie in eine Schalmei, Erfinder in standardisierten Kostümen demonstrieren ihre Freiübungen, gelegentlich sogar sehr frei, Spießer versorgen sich für ihre Reise mit der ›Zeitmaschine‹ mit Lebendgeflügel ›für den Notfall‹, phosphoreszierende Frauen glitzern in ihren Music-Hall-Garderoben, und die Drehbühne kommt diesem ganzen Wirrwarr zur rechten Zeit zu Hilfe, um ihn von Episode zu Episode zu drehen, denn der Wirrwarr bewegt sich selbst nirgendwohin.«

Das betrüblichste für Majakowski und Meyerhold war zweifellos, daß die Kritik die ästhetischen Neuerungen des Stücks und der Aufführung verkannte und das »Schwitzbad« immer wieder in die Vergangenheit stieß – zu »Agitka« und »Blauer Bluse«.

M. Sagorski faßte beide Vorwürfe gegen die Aufführung in der »Literaturnaja gaseta« zusammen: Die Bürokraten sind bei uns nicht so, und das ästhetische System ist veraltet. Er fragte: »Wer erkennt in diesem großsprecherischen, salbadernden Pobedonossikow unsere schlauen, sich maskierenden, gewieften Bürokraten? Und wie glänzend Strauch immer gespielt haben mag, dieser außerordentliche Schauspieler von präziser Exzentrik – er fuchtelt ins Leere, weil im Zuschauerraum niemand an die Möglichkeit dieser Maske in unserer Zeit glaubt.« Er warnte vor der »Vereinigung zweier völlig verschiedener Gattungen in einer Aufführung, nämlich der satirischen und der utopisch-phantastischen. Der irdische Optimistenko der Genrekomödie frißt in ›Schwitzbad‹ die völlig ausgedachte, gequälte ›Phosphoreszierende Frau‹ der Zukunft auf.« Er bedauerte, »wie arm dieses Mal die Arbeit eines so wunderbaren Meisters wie Meyerhold« sei.

»Eine ermüdende wirre Aufführung, die höchstens eine kleine Gruppe literarischer Feinschmecker interessant finden kann«, resümierte die »Rabotschaja gaseta« hart.

Wenn die Versuche der RAPP, die Aktualität und Treffsicherheit der Satire zu bezweifeln, heute zumindest komisch anmuten, so ist die Frage nach den Beziehungen zur Zeit, in denen sich die Theaterkunst Majakowskis und Meyerholds nach dem »Jahr des großen Umschwungs« befand, längst nicht so einfach abzutun.

Die neuen Formen politischen Theaters, die Majakowski und Meyerhold in »Wanze« und »Schwitzbad« entwickelt hatten, wurden von der Kritik nicht verstanden, ja nicht einmal bemerkt. Die Furcht vor großen Verallgemeinerungen, Hyperbeln, wie überhaupt vor der Satire nahm geradezu epidemische Ausmaße an.

(Aus: Konstantin Rudnizki, Reshisser Meyerhold, Moskau 1969. Aus dem Russischen von Fritz Mierau, Majakowski-Zitate in der Übersetzung von Hugo Huppert.)

Fritz Mierau
War Majakowski voraus oder zurück?

Vielleicht machte nur noch die Benennung einen Wald aus und alle andern Merkmale waren schon lange zufällig und auswechselbar geworden, auch das Tier, das zu schlachten er diese vorläufig Wald benannte Gegebenheit durchschritt, das zu tötende Monstrum, das die Zeit in ein Exkrement im Raum verwandelt hatte, war nur noch die Benennung von etwas nicht mehr Kenntlichem mit einem Namen aus einem alten Buch.

Heiner Müller: »Herakles 2 oder Die Hydra«

1

Der Reinfall, den das »Schwitzbad« 1930 an drei Theatern erlebte, war unvermeidlich.

In einem Handstreich hatte Majakowski mit seinem Bürokratismus-Drama die umkämpften Abschnitte politischen Theaters nehmen wollen. Er bot eine analytische Figurensprache, die den Polit-Jargon der Bürokratie in allen seinen raffinierten Schattierungen auf die Höhe selbstmörderischer Aphorsimen trieb. Er bot ein zirzensisches Spiel,das die Bühne zum Schau-Raum der Attraktionen zu machen und den Zirkus der Bürokratie in seiner Absurdität aufzuführen gestattete. Er bot Untersuchung, Übermut und Betroffenheit und muß gemeint haben, eine Einheit von Analyse, Schau und Appell werde die Zuschauer hinreißen. Das Gegenteil war der Fall.

In dem allgemeinen Ärger dominierte das Mißvergnügen über die vermeintliche historische Unangemessenheit der politischen und ästhetischen Lösungen. Dieses Mißvergnügen war um so bedenklicher, als es von zwei einander ausschließenden Positionen her begründet wurde. Die einen hielten das Ganze für übertrieben, die anderen für zu harmlos.

Auf der einen Seite standen die Kritiker der Russischen Assoziation Proletarischer Schriftsteller (RAPP), der größten, Anfang 1930 offiziell noch nicht angegriffenen sowjetischen Schriftstellergruppierung, der Majakowski eben beigetreten war. Mit Jermilows Verriß des Stücks noch vor der Aufführung war ihre Ansicht in der »Prawda« vertreten.[1] Gegenstand der Satire, meinten sie, hätten Personen zu sein, nicht Funktionen, der versagende »lebendige Mensch«, nicht ein System von sozialen Beziehungen – hier also der Bürokrat, nicht der Bürokratismus. Worin das gipfelte, zeigt eine Schreibformel für proletarische Schriftsteller von 1931: Stoße man auf einen Prisypkin (»Wanze«) oder Triumphanschikow (»Schwitzbad«), so sei darzustellen, »worin sie sich dem Menschen der neuen Gesellschaft schon nähern bzw. wie sie das Alte in sich überwinden«.[2] Die sozialen Beziehungen, die Majakowski in dem »veriesenhafteten« Triumphanschikow attackiert, werden für so kurzlebig gehalten, daß diese Figur kein sozialer Typ, sondern nur Abart, Ausnahme sein darf. Daß das keine partielle Borniertheit war, sondern eine Illusion der Zeit, zeigt eine von Michail Kalinin, dem damaligen Präsidenten, überlieferte Bemerkung Stalins, wonach man »den großen Bürokraten hinausreinigen muß, weil, wenn man den großen Bürokraten hinausreinigt, der kleine sich mit Blick auf den großen bessert«.[3]

Auf der anderen Seite standen Kritiker, die Majakowskis Drama als Tempo- und Reinigungsspektakel auffaßten und für zu zaghaft hielten. Angesichts der tatsächlichen Kämpfe um das Tempo der Industrialisierung und Kollektivierung, das zu tragischen Konflikten führte, und angesichts des Ausmaßes der in den Reinigungen des Partei- und Staatsapparats 1928/1929 aufgedeckten Vorgänge schien das »Schwitzbad« eher Panoptikum, ja Clownerie als »Drama«, wie es im Untertitel hieß und worauf Majakowski wie Meyerhold auch bestanden. »›Auf zur Reinigung‹ sei der Schlußappell«, schrieb die »Komsomolskaja prawda«, aber kein Mensch habe Lust dazu: Alle warteten auf den Erfinder und die Phosphoreszierende Frau, die sie in den Kommunismus des Jahres 2030 mitnehmen würden.[4] Analyse und Appell erstickten in den Erlösungsillusionen, weil ihnen keine sozialen Mechanismen entsprächen. Woran lag es? Am Stück? An den Regisseuren? An den

Zuschauern? An den Kritikern? War Majakowski voraus oder zurück? Unterschätzte oder überschätzte Meyerhold sein Publikum? Schlossen sich soziologisches Sprachporträt und Zirkus gegenseitig aus? Tatsache ist, daß das reichliche Dutzend Lesungen vor unterschiedlichen Auditorien höchst erfolgreich verlaufen war. Bezeichnender Ausruf eines Rezensenten: »Das ›Schwitzbad‹ braucht den mündlichen Vortrag, nicht das Theater.«[5] Mußte der Dichter gar mit seiner Person für den Text einstehen?

So befragt, gibt das Stück drei Besonderheiten zu erkennen, die beide Kritikerparteien 1930 kaum berücksichtigten, die aber eine Aufführung nicht ohne Schaden zu nehmen vernachlässigt.

Trotz gegenteiliger Versicherungen Majakowskis war es nämlich erstens kein Schau-Stück, sondern ein Sprach-Stück.

Zweitens war es, was Majakowski mit Recht verfocht, ein Stück, das den Kampf »verkörperter Tendenzen« zeigte, der antitriumphalen gegen die triumphale.

Damit ging es drittens in viel umfassenderem Sinn um den Erfinder-Dichter Majakowski, als bei dem Aufgebot an Bürokraten, Technikern und diversem Verwaltungspersonal auf den ersten Blick vermutet worden ist.

Majakowski war viel weiter gegangen als seine Kritiker ihm zutrauten. Das »Schwitzbad« war nicht nur ein Bürokratismus-Drama, sondern es war das Sprach-Drama des Bürokratismus. Nicht nur, daß so von einer Unterschätzung der tragischen Zusammenstöße keine Rede sein konnte – Majakowski hatte sein Stück schon von deren sprachlichen Konsequenzen her gebaut.

Die Sprache und ihr Instrumentenmeister, der Dichter, der ihre Manipulierungsdienste böse diagnostiziert und Reinigung verschreibt, sind Gegenstände des Stücks. Bürokratismus kommt als ein Sprachzuschnitt auf die Bühne. Das Spiel im Spiel des dritten Akts erörtert, so gesehen, nicht nur ein Theaterkonzept, sondern erhält seine Struktur durch die groß vorgeführten Sprachregelungszwänge. Das eigentlich Zirzen-

sische ist der Sprach-Zirkus, die Begriffsakrobatik, die Seiltänzerargumentation, mit denen Machtmißbrauch, Verhöhnung und Aushöhlung der sozialistischen Demokratie überspielt werden sollen.
Die Handlung im Vordergrund mit sturer Kanzlei, Bilderbuch-Enthusiasmus, Intourist-Schablone, Frühform eines spionierenden »Briefmarkensammlers« und kommunistischer Märchenfee kann nicht anders begriffen werden als ein Vehikel für den Transport der Sprachanalyse. Der Grund für diese Häufung von im einzelnen banalen Standards liegt in Majakowskis Versuch, über die vermeintliche Popularität solcher Mittel seiner Sprachdiagnose Massenwirksamkeit zu verschaffen. Der Irrtum war fatal. Der Transport fand nicht statt. Die Aufführungen scheiterten an dieser Diskrepanz.
Merkwürdig bleibt, daß Wsewolod Meyerhold, obwohl er vorher gerade die Qualitäten der Sprache zum Kriterium seines überschwenglichen Lobs gemacht hatte und Majakowski als Ko-Regisseur für Sprache engagiert hatte, dann den Vordergrund mit einem Aufwand inszenierte, der den Text partiell paralysieren mußte. Jedenfalls geistert Meyerholds Erfinder-Schau mit Deinekas riesengroßen Diagrammen und Aufstiegskurven bis heute durch die Inszenierungen. Die vernichtende Sprachanalyse als das konzeptionelle Zentrum und das Unüberholbare des Stücks auf die Bühne zu bringen, bleibt die Aufgabe kommender Experimente: Rainer Kirschs neue Übersetzung fordert dazu heraus.

2

Harthörig gegenüber der Sprachdiagnose hielten viele frühe Kritiker Majakowskis Stück für eine Tempo- und Reinigungsutopie.
Damit widerfuhr ihm das gleiche Schicksal wie Sergej Tretjakows »Ich will ein Kind haben« (3 Fassungen 1926–1927) und Nikolai Erdmanns »Selbstmörder« (1929), die beide gar nicht erst auf die Bühne gelangten. An allen drei Stücken wurde die Dramaturgie des Hypothetischen, das Durchspielen eines

angenommenen Falles als Empfehlung utopischer Lösungen verkannt. In Wirklichkeit handelt es sich gerade um Beiträge zur Korrektur jener Utopien, die nicht nur ein Echo aus den Zeiten des Kriegskommunismus waren, sondern in den heftigen Tempo- und Reinigungsdiskussionen 1928–1930 neu entstanden.

Die ganze »Schwitzbad«-Zeit über, von Juli 1929 bis März 1930, tobten in den politischen Führungsgremien und in der Praxis die Kämpfe um die Tempovarianten, die die sowjetische Gesellschaft bis in die Grundfesten erschütterten. Die Überspitzungen, hieß es im März 1930 in einem Parteibeschluß, hätten zu einer »Bedrohung der Kollektivierung und des sozialistischen Aufbaus insgesamt« geführt.

Im Mittelpunkt der mit großen Opfern durchgesetzten Korrekturen standen die Fristen der sozialistischen Veränderung. Von der Entscheidung über die Fristen hing die Entscheidung über die Methoden ab. Dieses Verhältnis von Frist und Methode aber mußten die Kader beherrschen: 1929 sollte die Reinigung des Partei- und Staatsapparats den Gefahren eines hohen Tempos begegnen, die in übereilten Entscheidungen, Inkompetenz, Unsicherheit, Karrierismus zu tragischen Konflikten führen konnten. In Wirklichkeit hat die Reinigung der Apparate nicht entfernt den Ansprüchen genügt, die die enorme Steigerung des Tempos ab Mitte 1929 an sie stellte. Es kam zu einem einzigartigen Temporausch, vor allem in der Kollektivierungsbewegung, den erst die Analysen des ZK der KPdSU (B) vom Februar und März 1930[6] stoppten.

Majakowskis »Schwitzbad« präsentierte mit dem sprachlichen Usurpationsgeschick der überdimensionalen Durchschnittsfunktionäre eine Einsicht in die Bedingungen, unter denen das Verhältnis von Frist und Methode zum Schaden des sozialistischen Aufbaus gehandhabt wurde. Die Sinnentleerung politischer und sozialer Analyse durch formale Kombination von Direktiven und Losungen, die Abriegelung des Apparats gegenüber neuen Tatsachen aus der Praxis, seine Öffnung für die Schmeicheleien von Afterkünstlern führen

zum Rausch. Majakowskis Entdeckung der Sprachmanipulation, die den Triumphanschikows, Optimistenkos und Iwan Iwanowitschs eine sie selbst nicht diskreditierende Bezeichnung ihrer Verhaltensweisen erlaubt, zeigt den Dichter ohne Illusionen: Für die »Reinigung« braucht es Kräfte aus dem »Jahr 2030«, was nicht anders als eine Metapher für das Langdauernde der realen Kämpfe zu verstehen ist.
Seit Frühjahr 1929 spitzte sich die Fristendebatte vor allem auf dem Gebiet der Kollektivierung zu. Um der akuten Getreidekrise zu begegnen, die zur Einführung des Kartensystems geführt hatte, wurde um das wirksamste Konzept gekämpft. Eine prominente oppositionelle Dreiergruppe im ZK der KPdSU (B) entwickelte auf der XVI. Parteikonferenz im April 1929 den Plan für ein langsameres Tempo der Industrialisierung und Kollektivierung, in dem sie von einer allmählichen gewaltlosen Einbeziehung der Kulaken in die genossenschaftliche Landwirtschaft ausging und außenpolitisch mit einer langen Friedensperiode rechnete. Der Gruppe gehörten der Präsident der Kommunistischen Internationale und Chefredakteur der »Prawda«, Nikolai Bucharin, der Vorsitzende des Rates der Volkskommissare, Alexej Rykow, und der Vorsitzende des Sowjetischen Gewerkschaftsverbands, Nikolai Tomski, an. Ihr Plan hätte zu den folgenden Entscheidungen geführt: Bündnis der Arbeiterklasse mit allen Schichten der Bauernschaft, einschließlich der Kulaken, die in den Sozialismus »hineinwachsen«. Getreideaufbringung über den Markt bei Erhöhung der Aufkaufpreise. Keine außerordentlichen Zwangsmaßnahmen gegen Kulaken, um ihnen die Getreidevorräte abzunehmen. Deckung des Getreidedefizits von 50 Millionen Pud durch Einfuhr für 100 Millionen Valutarubel und entsprechenden Verzicht auf Maschinenimport.[7]
Dieser Plan wurde durch die Mehrheit des ZK abgelehnt. Ein halbes Jahr später, am 25. November 1929, erklärten Tomski, Bucharin und Rykow in einem Brief an das ZK, daß »in diesem Streit die Partei und ihr ZK im Recht waren«. Der 1. Fünfjahrplan, der auf der XVI. Parteikonferenz gebilligt

wurde, sah statt dessen vor, allmählich die technisch völlig rückständige Landwirtschaft neu auszurüsten, Maschinen statt Getreide zu importieren und bis Ende 1933 18–20 % der 25 Millionen Bauernwirtschaften kollektiv zusammenzuschließen. Technisch war der Ausgangspunkt von 1927: 15 % der Wirtschaften hatte Maschinen mit Zugvieh. 28 % war ohne Zugvieh. 31 % ohne Pflug. Die Kulaken, die 4–5 % der Wirtschaften besaßen, verfügten über knapp ein Drittel aller Maschinen.[8]

Die beschleunigte, aber ausgewogene Tempoststeigerung des 1. Fünfjahrplans wurde jedoch mit Beginn des Herbstes 1929 auf persönliche Initiative des Generalsekretärs Stalin und des Nachfolgers Rykows – Wjatscheslaw Molotow – außerordentlich forciert. Die Planvorgaben waren zwar übertroffen, die Steigerungen aber mit den realen Möglichkeiten zur Finanzierung, zur Versorgung mit Maschinen und zur Ausbildung von Kadern nicht neu koordiniert worden. Die Beschlüsse über die Unzulässigkeit von Übereilung und Zwang beim Übergang zur Genossenschaft wurden verletzt.[9]

Der Triumphalismus der Verallgemeinerung geriet in eklatanten Widerspruch zu den Tatsachen auf dem Lande. Stalin schloß seinen berühmt gewordenen Leitartikel »Das Jahr des großen Umschwungs«, der zum Argument weiterer Forcierungen wurde, am 7. November 1929 in der »Prawda« mit dem Satz: »Mit Volldampf fahren wir auf dem Wege der Industrialisierung zum Sozialismus und lassen unsere ›russische‹ Zurückgebliebenheit hinter uns.« Am 18. November 1929 sprach die »Prawda« in ihrem Leitartikel die Erwartung aus, nach der vollständigen Kollektivierung des Nordkaukasus, der Ukraine und der Gebiete am Wolgaunterlauf in 1½ bis 2 Jahren, werde ein Getreideexport beginnen, der »schon in den nächsten Jahren den Weltmarkt mit hunderten Millionen Pud überschwemmen kann.«[10]

In der Resolution des Novemberplenums 1929 zu den Referaten des Vorsitzenden der Staatlichen Plankommission Gleb Krzyżanowski und des Vorsitzenden des Volkswirtschaftsrats Walerian Kuibyschew über die Kontrollziffern der Volkswirtschaft der SU für das Jahr 1929–1930 hieß es: »In Wirklichkeit sehen wir ein Wachstum der Produktion, eine Beschleunigung des Tempos, wie wir es früher nicht einmal träumen konnten und die uns die Möglichkeiten geben, die Optimalvariante des Fünfjahrplans zur Minimalvariante zu machen.«[11] Der Zuwachs der Industrieproduktion war in der Tat atemberaubend. Was z. B. Traktoren anging, so stellte die Sowjetunion noch 1923 nur 6 Fordson her, während die USA schon 1913 bei 10000 Jahresausstoß lagen. Der Bau der Traktorenwerke in Tscheljabinsk und Charkow verhieß Chancen für die Überholung der USA.[12] In einem Aufsatz vom 10. Dezember 1929 resümiert W. Burdow die Tempodebatte des Jahres unter der Überschrift: »Wird die SU Amerika überholen?«: »Am Ende des dritten Jahrfünfts werden wir, wenn die wirtschaftliche Entwicklung der SU durch Krieg oder Blockade nicht aufgehalten wird, an das Niveau der industriellen Entwicklung der USA heranreichen und werden es im vierten Jahrfünft überholen.«[13]

Schon auf dem Novemberplenum hatte es aber alarmierende Berichte über Schwierigkeiten mit der übereilten Kollektivierung gegeben. Am 5. Dezember begann eine Kommission des Politbüros für Fragen der Kollektivierung unter Vorsitz von J. Jakowlew mit der Ausarbeitung eines Stufenplans. Danach sollten die Getreideanbaugebiete in 2–3 Jahren, die Verbrauchsgebiete in 3–4 Jahren und die nationalen Republiken erst im 2. Fünfjahresplan die durchgängige Kollektivierung schaffen. Stalin verkürzte die Fristen aber erneut.[14] Der danach ausgerufene Wettbewerb zur Gründung von Kolchosen stand in direktem Widerspruch zur erklärten Ablehnung von administrativen und dekretorischen Maßnahmen. Erst im ZK-Beschluß vom 14. März 1930 »Über den Kampf gegen Entstellungen der Parteilinie in der Kollektivierungsbewegung«, in einem Beschluß des XVI. Parteitags und in mehreren Direktiven wurde die Korrektur entschieden vollzogen. Kritisiert wurden: Verletzung des Prinzips der Freiwilligkeit;

Anwendung von Zwangsmaßnahmen gegen Mittelbauern, die nur gegen Kulaken erlaubt waren, was sich darin zeigte, daß bei 4–5 % Kulakenwirtschaften teilweise 15 % der Wirtschaften »entkulakisiert« wurden; bürokratisch-dekretorische Gründung von Kolchosen, was dazu führte, daß mancherorts in wenigen Tagen von 10 auf 90 % Kollektivierung gesteigert wurde; übereilter Übergang von Anfangsformen (Artel) zu höheren Formen (Kommune); Verletzung der Kolchosdemokratie.[15]

Von dieser Umwälzung waren über 100 Millionen Menschen betroffen. Sie war als die Vollendung der Revolution auf dem Lande unumgänglich, wurde aber durch die Tempounsicherheit mit unverhältnismäßig hohen Opfern durchgeführt. Die Anwendung außerökonomischen Zwangs leitete Verfahrensweisen ein, die ab 1937 zu Massenrepressalien führten.

Der geschichtliche Hintergrund dieser Fristen- und Tempodebatten verlieh den unterschiedlichen Standpunkten weltpolitisches Gewicht. Der Aufbau des Sozialismus in einem Land schien nach dem Ausbleiben sozialistischer Revolutionen in Westeuropa, nach der relativen Stabilisierung des Kapitalismus die einzige Möglichkeit, die gewonnenen Positionen zu halten und auszubauen. Schon 1931 schloß eine sowjetische Analyse der internationalen Kräfteverhältnisse mit diesem kategorischen Imperativ: Entweder holt die Sowjetunion den geschichtlichen Tempoverlust des alten Rußland gegenüber der kapitalistischen Welt von 100 Jahren in 10 Jahren ein oder sie hält dem aggressiven Druck des Imperialismus nicht stand. Der Sieg über den Faschismus, der die Sowjetunion 1941 überfiel, zeigt die ungeheuren Anstrengungen und Wandlungen dieser zehn Jahre.

Im Vergleich zu Gewicht und Umfang dieser Vorgänge mochte der Zeitmaschinenstrang im Stück, Martyrium und Glanz des Erfinders, fast verspielt anmuten. Doch nur, so lange man die Logik des Stücks außer acht läßt. Tatsächlich verträgt dieser Strang keine Heroisierung. Die Zeitmaschinenaffäre muß den ironischen Übermut behalten, den sie von ihrer

literarischen Abkunft her besitzt. Herbert George Wells' »Zeitmaschine« stand Pate, aber sicher auch andere »Apparate«: Von Jewgeni Samjatins Rakete im Roman »Wir«, mit der ein Ausbruch aus einem durchbürokratisierten Glücksstaat versucht wird, bis zu Jefim Sosuljas »Grammophon der Jahrhunderte«, mit dem man Stimmen und Vorgänge der Vergangenheit rekonstruieren kann, oder auch Michail Bulgakows Rotlicht-Strahler in den »Verhängnisvollen Eiern«, der die Lebensvorgänge beschleunigt, und, auf Schlangeneier statt auf Hühnereier angewandt, beinahe den Untergang der Republik verursacht hätte: Die Reptilien – 11 Meter lang und dick wie ein Mensch – bedrohten die Hauptstadt und wurden nur durch den ungewöhnlichen Frost vom 19. zum 20. August 1928 ausgerottet. Majakowskis Erfinder selber, der nicht von ungefähr Seltsamkow heißt, hat seine Vorgänger zweifellos in Sosuljas Kux oder Sergej Tretjakows Diszipliner aus »Ich will ein Kind haben«, der ständig merkwürdige »Apparate« austüftelt. Seltsamkow gewinnt freilich ganz andere Dimensionen als alle diese Erfinder, da Majakowski auf ihn wie auf die Phosphoreszierende Frau und den Komsomolzen Fahrradkin eigenes Selbstverständnis projiziert und dann korrigiert.
Ein Aufführungskonzept, das den Sieg der Erfinder über die Verwalter zugrundelegt, inszeniert am Stück vorbei. Majakowski zeigt »verkörperte Tendenzen«, soziale Typen, nicht »lebendige Menschen«, Charaktere. Daher darf das »Schwitzbad«, so sehr die Tempodebatte eines seiner Bezugsfelder bildet, nicht als ein Stück über Menschen in dieser Debatte begriffen werden. Offenbar hatte Meyerhold das versucht und war damit gescheitert. Aufschlußreich ist, daß er auch Tretjakows Thesenstück »Ich will ein Kind haben« ursprünglich gegen den Thesencharakter inszenieren und »lebendige Menschen« auf die Bühne bringen wollte. »Schwitzbad« zeigte nicht Charakter gegen Charakter, Seltsamkow gegen Triumphanschikow, sondern »Apparat« gegen »Apparat«, gut zu verfolgen an Triumphanschikows Rede über »jene Zeit, da in meinem Apparat ein Apparat erfunden worden ist«.

»Verkörperte Tendenzen« hieß in bezug auf den Erfinder- und Zeitmaschinenstrang: Benennung schädlicher Haltungen. Stärkung des Erfindungsgeistes in der Gesellschaft. Verbesserung der Urteilsbefugnis jedes einzelnen. Soziale Wachheit und Kritikbereitschaft. »Schreit aus, mein Land, schneller, mein Land, die Kommune pocht ans Tor« im »Marsch der Zeit« ist nicht triumphal, sondern ankündigend, ja warnend gemeint.
Die Erfindung der Zeitmaschine, eines Dings, das zunächst niemandem nützt, und das dann die Gegner des Erfinders in einer Radikalkur ausstößt, ist nicht lediglich, wie das bei späteren Inszenierungen und auch in Jutkewitschs Film verwirklicht wurde, eine Metapher für die Fünfjahrpläne, sondern bleibt zugleich: ständiger Entwurf der Zeitüberschreitung, Korrektur durch die Zukunft, antitriumphale Tendenz. Mit einem Satz der Phosphoreszierenden Frau: »Der Zukunft liegt das Vergangene auf der Hand.«

3

Die Sprachdiagnose unterschied Majakowskis Korrektur durch die Zukunft vor allem prinzipiell von der verbreiteten Entlarvungsdramaturgie. Majakowski begann, wo andere aufhörten. Er baute keine Tarnung ab, sondern demonstrierte das Selbstverständnis, das Funktionieren eines Apparats. Der Bürokratismus arbeitet im hellen Licht theatralischer Öffentlichkeit. In seinem »Dialog zum ›Schwitzbad‹« ließ der Kritiker M. Sagorski 1930 diese Besonderheit betonen:
»Gedanken, Zorn, Verallgemeinerung, das geschliffene Wort, der tödliche Aphorismus, sind sie jetzt nicht wichtiger als die kriminellen Vorkommnisse in den Stücken Fajkos, Romaschows, Sawalischins, Nikulins? Iwan Iwanowitsch sumpft! Festnehmen! Pjotr Semjonowitsch stiehlt! Verhaften! Das ist kein Theater, sondern ein Untersuchungsgefängnis. Im ›Schwitzbad‹ wird niemand verhaftet und eingesperrt, da gibt es lautes Gelächter, belustigtes Lächeln, das scharfe Wort und die scharfsinnige Ironie über die Gefühlswallungen im

MCHAT, die Kammerstimmungen und Ballettkunststücke.«[16]
Mit den großen Reinigungsaktionen war »Schwitzbad« daher auf die gleiche Weise verbunden wie mit der Tempodebatte: Sie bildeten ein wesentliches Erfahrungs- und Bezugsfeld, waren aber nicht der Gegenstand.
Ausgehend von den Beschlüssen der XVI. Parteikonferenz betonte die »Iswestija« in ihrem Leitartikel vom 1. Mai 1929 unter der Überschrift »Ergebnisse und nächste Aufgaben des Kampfes mit dem Bürokratismus«: »Der Kampf der Partei und der Sowjets mit den bürokratischen Entstellungen des Staatsapparats, die häufig die wirkliche Natur des proletarischen Staates vor den breiten Massen der Werktätigen verdekken, wird zu einer der wichtigsten Formen des Klassenkampfs.« Zu reinigen sei der Staatsapparat von »Elementen, die verkommen sind, die die sowjetischen Gesetze entstellen, die mit dem Kulaken und NÖP-Mann zusammenwachsen, die nicht gegen Schlendrian kämpfen und ihn decken, von Überheblichen, die beamtenmäßig, bürokratisch die dringenden Nöte der Werktätigen behandeln, von Veruntreuern, Schmiergeldnehmern, Saboteuren, Schädlingen, Faulenzern.« Die Reinigung habe sich nach der Arbeit zu richten, nicht nach der Herkunft und Stellung. 1929 sei in den Landwirtschafts-, Gerichts-, Finanz- und Arbeitsorganen zu beginnen, da sie am meisten mit den Massen zu tun haben. Die Listen der hinausgereinigten Personen seien zu veröffentlichen, damit sie sich nicht an anderer Stelle wieder bewerben können. Bezüglich der Funktionäre sei mit den Praktiken Schluß zu machen, sie von Behörde zu Behörde weiterzureichen: Bei Unfähigkeit hätten sie in ihren Beruf zurückzukehren.
Im Mai 1929 wurde diese schon seit 1928 laufende Reinigung des Staatsapparats durch eine »Generalreinigung und Überprüfung der Reihen der RKP« verstärkt. Seit der letzten Reinigung 1921 war die Kommunistische Partei auf das Dreifache angewachsen. Am 1. Januar 1929 hatte die Partei

1 530080 Mitglieder und Kandidaten, davon 28,9 % Kandidaten. Soziale Zusammensetzung: 62 % Arbeiter, 21 % Bauern, 15,6 % Angestellte. 1921 waren 174 900 Mitglieder und Kandidaten, d.h. 30 % aus der Partei ausgeschlossen worden. Zwischen 1922 und 1928 hatte es weitere Teilüberprüfungen gegeben, dabei waren erneut 260 144 Mitglieder und Kandidaten ausgeschlossen worden.
Wie 1921 beim Übergang zur Neuen Ökonomischen Politik sollte beim Übergang zu den Fünfjahrplänen eine Generalüberprüfung der Kader die Tempoänderung sichern helfen. Das Ausmaß der zu bewältigenden Probleme zeigte der Fischereiprozeß von Astrachan, der von Juni bis Oktober 1929 die sowjetische Öffentlichkeit beschäftigte. Vor Gericht standen 200 Funktionäre und andere Angestellte aus Astrachan, darunter 89 aus der Finanzabteilung, 68 aus der Handelsabteilung. Es ging um die Begünstigung der Privatfirmen, die durch große Bestechungsgelder der Unternehmer Krugljak, Kantor, Gladtschenko & Co. u.a. entgolten worden war. Astrachan fing damals die Hälfte der Fische in der UdSSR. Fisch war Mangelware und Exportschlager. Statt der vorgesehenen 12 % wurden 1928 24 % von Privatfirmen angekauft, was die Entwicklung des sozialistischen Sektors empfindlich schädigte. Vor Gericht entwickelte sich ein ausgedehnter Kompetenzenstreit, in dessen Verlauf einer der Hauptangeklagten, der ehemalige Stellvertreter des Leiters der Gouvernementshandelsabteilung, Protodiakonow, die Schuld für die bevorzugte Behandlung der Privatfischereien auf den Vorsitzenden des Gouvernementsexekutivkomitees Wassiljew abzuwälzen versuchte. Es stellte sich aber heraus, daß Protodiakonow z.B. von der Firma Krugljak 1 000 Rubel für die Erhöhung der Aufkaufnormen erhalten hatte. Das war einer der festgestellten 250 Fälle von Bestechung. Allein durch zu geringe Besteuerung der Privatfirmen wurden 6 Millionen zu wenig erhoben. Das Gericht erkannte in diesem »klassischen Fall von Wirtschaftssabotage« auf »ökonomische Konterrevolution«, worauf nach Artikel 117 die Todesstrafe stand. 14

Angeklagte wurden zum Tod durch Erschießen verurteilt, 13 zu 10 Jahren Gefängnis mit Einziehung des Vermögens.[17] Die »Iswestija« schlußfolgerten in einem redaktionellen Artikel vom 30. Oktober 1929, daß es bei der Reinigung nicht nur darauf ankomme, die »Ehemaligen« zu beseitigen, also zaristische Beamte, Weißgardisten, sondern Funktionäre, die »die Klassenlinie unserer Partei und des proletarischen Staates entstellen«.

Majakowskis »Schwitzbad« stand in der Aufnahme dieser Vorgänge nicht nur gegen die von Sagorski genannten Tendenzen der Entlarvungsdramaturgie. Es ließ auch die Verfehlungsvarianten beiseite, wie sie in Tarassow-Rodionows »Schokolade« oder Andrej Sobols »Die Fürstin« erzählt worden waren. Diese Bürgerkriegsgeschichten erzählten, wie Revolutionäre, untadelig in ihrer Pflichterfüllung, durch unkontrollierte menschliche Regung und männliche Schwäche von Frauen, die der Konterrevolution mehr oder weniger nahestanden, vom Wege abgebracht wurden.

In allen diesen Stücken und Geschichten wurde ein von der revolutionären Norm abweichendes Verhalten aufgedeckt, psychologisch erklärt und bestraft. Sie gingen dabei von der politischen Vorstellung aus, die den zunächst forcierten und in den 30er Jahren in Massenrepressalien umschlagenden Reinigungsbemühungen zugrunde lag: in einer entschlossenen, vielfach schmerzhaften Anstrengung könne das Problem der Unterwanderung der Apparate gelöst werden. In den »Iswestija« erklärte dann auch der RAPP-Kritiker Semjon Rodow unter der Überschrift »Selbstkritik und proletarische Literatur«, der Hauptgrund für Fehler und Abweichungen sei die »Lösung von den Massen«, er müsse immer dargestellt werden: »Ein Werk der proletarischen Literatur, das, wenn es die krankhaften Prozesse im Partei- und Arbeitermilieu zeigt oder geißelt, nicht mit voller Überzeugungskraft diesen Hauptgrund für Zersetzung und Entartung darstellt, ist von vornherein zum Mißerfolg verurteilt und wird unweigerlich die Perspektive der Entwicklung der proletarischen Gesell-

schaft entstellen.«[18]
Majakowski schlug als Pionier einen Weg ein, der bis heute schwer gangbar geblieben ist, weil er Vorstellungskraft und Durchhaltevermögen auf lange Zeit verlangt: Er stellte sich auf die Situation ein, ohne sich mit ihr abzufinden. Er rechnete mit einem langen Kampf, der keine Abrechnung oder Vergeltung in der überschaubaren Zeit erlaubt, der aber dennoch nicht aussichtslos ist, da er gegen Kräfte geführt wird, die mit dem Vorsatz ihrer eigenen Beseitigung angetreten sind. Sobald der Bürokratismus als ein System politischer und sozialer Beziehungen studiert wird, können Krankheitsumschreibungen wie Krebsgeschwür, Auswuchs, Eiterherd und dergleichen, die die Vorstellung von einem sonst gesunden Körper nahelegen und Reinigung als Amputation, nicht als politische Korrektur deuten lassen, als unzutreffend verworfen werden. Korrektur durch die Zukunft, durch das »Jahr 2030« heißt in diesem Sinn: Korrektur der Reinigungsillusionen, Untersuchung bürokratischer Praktiken als Usurpationsvorgänge, die u.a. durch Sprachregelung und Stereotypie abgesichert sind.

4

Daß es sich bei diesem »Schwitzbad« auch um ein Schwitzbad für die Kunstlinke und Majakowski selber handelte, kann nun nicht mehr übersehen werden.
Majakowski verband die größten Erwartungen mit dem neuen Stück. Es sollte als programmatischer Beitrag in den ersten Almanach des REF, der Revolutionären Kunstfront, gedruckt werden, einer Organisation, die nach Majakowskis Austritt aus der LEF, der Linken Kunstfront (im Herbst 1928) einige Monate arbeitete. Auf dieses Zusammentreffen zeichneten die Kukryniksy ihre »Schwitzbad«-Karikatur: Majakowski quetscht sich mit Mühe durch das Gebäude des Meyerhold-Theaters, das mit »Schwitzbad« als Schwitzbad fungiert.
Obwohl damals niemand den tödlichen Ausgang dieses Schwitzbads ahnen konnte, hat doch Sergej Eisenstein die

Gefahren der fälligen Korrektur schon in einer Arbeitsheftnotiz von 1928 angedeutet. Im April 1928, zwei Jahre vor Majakowskis Selbstmord, notierte er im Zusammenhang mit den Vorarbeiten zu dem geplanten Film »Das Kapital«, von dem ihm dann Stalin mit dem Hinweis auf die größere Vordringlichkeit des Films »Das Alte und das Neue« (»Generallinie«) abriet: »Die Tragödie der heutigen ›Linken‹ besteht darin, daß der noch nicht ausgearbeitete analytische Prozeß in Verhältnisse geriet, wo ein Bedürfnis nach Synthese herrscht...«[19] Eisenstein bezog sich auf eine Überlegung aus der Deklaration einer sowjetischen Künstlergruppe, die die Analyse der »professionell-technischen Errungenschaften der bürgerlichen Kunst auf dem Gebiet der künstlerischen Kultur«, »des planmäßigen und konstruktiven Herangehens an das künstlerische Schaffen« als eine Voraussetzung, als »Rohmaterial für die künftige Kunst des Proletariats« erklärte. Dieser Generalplan zum Umbau der Kunst, an dessen Verwirklichung die sowjetische Kunstavantgarde an vorderster Front zehn Jahre fieberhaft mitgearbeitet hatte, ist in einem Anlauf nicht zu verwirklichen gewesen. Die unterschiedlichen Korrekturexperimente, die besonders bei Eisenstein, Tretjakow und Majakowski genau zu verfolgen sind, und die ihre Parallelen in der internationalen revolutionären Kunst haben, im Zusammenhang zu untersuchen, steht noch aus. Deutlich ist jedoch, daß das von Eisenstein genannte »Bedürfnis nach Synthese« ursächlich mit der Tempo- und Reinigungsdebatte von 1928–1930 und den dort entwickelten oder verworfenen Fristenkonzepten zusammenhängt. Man suchte nach größeren einleuchtenden Bildern von den Unternehmungen der Gesellschaft. Bedroht waren solche Synthesen – solange nicht durch analytische Anstrengungen die Darstellbarkeit der neuen Schwierigkeiten erkundet war – durch Selbstbespiegelung und Anmaßung: Wie schnell war eine halbwegs plausible gedankliche Konstruktion auf die wirklichen Verhältnisse gestülpt und hatte das Unübersichtliche der ›Realität‹ weggehext.

Majakowskis Korrekturvorstoß zielte darauf, dem Bedürfnis nach Synthese auf eine Weise nachzukommen, die eine Apologie des politischen Moments ausschloß. Diese Möglichkeit fand Majakowski im »Schwitzbad«, in dem er die Grundlagen seiner eigenen Arbeit einer Prüfung unterzog. Es war eine Probe auf sein Leben, die, obwohl in allen großen Arbeiten von der ersten Tragödie bis »Gut und schön« und »Wanze« auch enthalten, nie so radikal unternommen worden war.

In diesem Versuch Majakowskis, sich an die Spitze der fälligen Korrekturen der linken Kunstkonzepte zu setzen, steckte Mut und Unsicherheit zugleich. Mut bis zur Tollkühnheit, Unsicherheit bis zur Verzweiflung. Majakowski schwankte zwischen der Bereitschaft, sich wieder – wie er betonte, zu seiner größten Genugtuung– mit einem begriffsstutzigen Publikum herumzuschlagen, und einer tödlichen Ermüdung. Sein übereilter Eintritt in die schon durch und durch dogmatisch erstarrte, mächtige RAPP ist nicht anders zu erklären. Durch einen organisatorischen Gewaltakt wollte er beweisen, daß er kein »Abtrünniger« sei.

Zu schaffen gemacht hatte ihm auch seine Liebe. Seine Unwiderstehlichkeit hatte einen Schlag versetzt bekommen, von dem er sich nie wieder erholen würde. Tatjana Jakowlewa, eine zwanzigjährige Russin, die Majakowski 1928 in Paris kennengelernt hatte und 1929 als seine Frau nach Moskau holen wollte, heiratete schließlich einen französischen Diplomaten. Der zweite Schlag, die Ablehnung der Schauspielerin Veronika Polonskaja, ihren Mann zu verlassen und zu ihm zu kommen, löste den Schuß vom 14. April 1930 aus. Majakowski plante nicht von ungefähr nach dem »Schwitzbad« ein Stück über die Liebe, das eine »Komödie mit Selbstmord« werden sollte. Mit der Unwiderstehlichkeit als Mann schien die Unaufhaltsamkeit als Dichterkönig dahin.

Ossip Brik hat 1940 die schwierige Lage beschrieben, in die Majakowski geraten war: »Ende 1929 begann Wolodja davon zu reden, daß er eine Ausstellung über sich machen möchte –

seine Bücher, Plakate, Materialien sammeln, gewissermaßen Rechenschaft über 20 Jahre Arbeit. Er sprach von dieser Ausstellung ruhig, sachlich, wie von seinem nächsten Auftritt. Früher hatte er das ›DJUWLAM‹ (›Zwölfjahresjubiläum Wladimir Majakowskis‹. F. M.) organisiert, verschiedene Rechenschaftsabende, jetzt also ›20 Jahre Arbeit‹. Unmöglich zu denken, daß Wolodja dieser Rechenschaftsausstellung besondere Bedeutung beimaß.

Wolodja wollte Anerkennung. Er wollte, daß wir, die REF, seine Ausstellung organisieren – und daß auf die Ausstellung die Vertreter der Partei und der Regierung kämen und sagten, daß er, Majakowski, ein guter Dichter sei. Wolodja war müde vom Kampf, von den Zänkereien, von der Polemik. Er wollte etwas Ruhe und ein bißchen schöpferischen Komfort.

Wolodja sah, daß alle diese Raffer und Füchse der Literatur weit besser lebten als er – ruhiger und reicher. Er beneidete sie nicht, meinte aber, daß er mehr Recht auf einige Annehmlichkeiten des Lebens habe als sie, vor allem auf Anerkennung. Um diese Anerkennung zu bekommen, hatte Wolodja sich die Ausstellung ausgedacht.

Nicht entfernt haben wir damals an so etwas gedacht – und konnten einfach nicht begreifen, warum Wolodja so nervös war, böse auf uns und – zwar nicht direkt, aber in Andeutungen – uns vorwarf, daß wir nichts für seine Ausstellung tun. Er wurde brummig, gereizt, grob und verzankte sich schließlich mit allen vom REF. Zu mir sagte er: ›Wenn uns nur der REF verbände, würde ich mich auch mit dir verzanken, aber uns verbindet noch etwas anderes.‹

Ich sah, daß Wolodja sich in einer abscheulichen Verfassung befand, daß seine Nerven kaputt waren, kam aber nicht auf den eigentlichen Grund seines Zustands. Dieser Wunsch, offiziell anerkannt zu sein, war für Wolodja gar nicht typisch und völlig ungewohnt, so sehr erwartete ich, Wolodja im Hasard des Kampfs, im Streit, in der Polemik zu sehen.«[20]

Briks Beschreibung des Umdenkens ist deshalb so bemerkenswert, weil sie das persönlich »Unansehnliche« eines geschichtlich höchst ansehnlichen Übergangs erfaßt. Die Notiz kreist um den »schöpferischen Komfort«: Hasard und Polemik sind eine Sache des Augenblicks. Majakowski muß die Künstlichkeit der Ausdehnung 1929 längst begriffen gehabt haben. Es genügt, an eine der 4380 Zuschriften zu erinnern, die Majakowski erhielt, als er am 24. November 1927 in Nowotscherkassk bei Rostow am Don auftrat, um die Situation zu verstehen, aus der er herausmußte: »Ist es Lüge oder wahr, daß Sie in den Fällen, wo Sie die Inspiration kommen fühlen, sich mit den Füßen an die Decke binden lassen und in dieser Lage Ihre besten Sachen dichten?«[21] Die Ausstellung »20 Jahre Arbeit« war eine grandios-naive Art, so etwas endgültig zu widerlegen und für sich den »schöpferischen Komfort« durchzusetzen, der nichts anderes sein sollte als die Voraussetzung für eine neue Kampfweise.

Die Parallele von »20 Jahre Arbeit« und »Schwitzbad« zeigt die Schwierigkeiten des Übergangs. Wer sich auf lange Kämpfe einrichtet, muß bestimmte Kampfweisen verabschieden. Die Ausstellung, als Rechenschaft gedacht, wird, vom »Schwitzbad« her gesehen, zum Abschied. So würde nicht mehr zu arbeiten sein. Den »schöpferischen Komfort« aber konnte niemand verordnen, er mußte sich an den neuen Produkten erweisen. »Schwitzbad« zeigte den Beginn einer neuen Kampfweise. War Majakowskis Tod der Preis?

Die Frage ist so unbeantwortet geblieben wie sie es in der Antwort Lilja Briks von 1956 war. In ihren Erinnerungen »Die letzten Monate«, die mit Zitaten aus Eintragungen von 1929 über Majakowskis Arbeit am »Schwitzbad« beginnen, schrieb sie: »Noch als er den Brief vor dem Tode schon geschrieben hatte, brauchte nicht unbedingt geschossen zu werden. Wolodja schrieb diesen Brief am 12., erschoß sich aber am 14. Wenn die Umstände erfreulicher gewesen wären, wäre der Selbstmord hinauszuschieben gewesen. Aber damals klappte gar nichts: Die Probe auf seine Jugend und Unwiderstehlichkeit schien gescheitert; der Mißerfolg des ›Schwitzbads‹; Stumpfsinn und Mißgunst der RAPP-Funktionäre; zur Aus-

stellung kamen nicht die, die er erwartete, und in der Nacht zum 14. hatte er nicht ausgeschlafen. Doch recht hatte er in keinem Punkt. Nicht in bezug auf die Frau, die er zwingen wollte ihren Mann zu verlassen, um sich zu beweisen, daß ihm wie eh und je keine widerstehen kann, und nicht was die Aufführung des ›Schwitzbads‹ betraf. Freilich die Presse beschimpfte sie tagelang grob, aber er mußte wissen, daß das Stück glänzend war, und Leute, denen er mehr glaubte als sich selber, sagten ihm, daß er viele Jahre voraussehe, daß noch längst nicht alle verstünden, was uns vom Bürokratismus, der da sein Haupt erhob, drohe. Daß die Aufführung mißglückt sei, aber die nächste wunderbar werden könne. Tschechows ›Möwe‹ war schließlich auch erst einmal durchgefallen! Die RAPP! Was anders konnte man von denen erwarten?! Von denen konnte er doch nicht enttäuscht sein!!
Und die Ausstellung faßte mit Mühe und Not die hereinstürmende Jugend, für die er arbeitete. Er kann doch nicht im Ernst ein ›Jubiläum gefeiert‹ haben.
Er war DICHTER. Er wollte alles übertreiben. Ohne Übertreibung wäre er nicht gewesen, der er war.«[22]

5
Majakowskis Korrektur seines Konzepts bestand in der Analyse einer folgenschweren Usurpation.
Die Losungs- und Signalworte der von der linken Avantgarde entwickelten revolutionären Lebens- und Kunstauffassung waren zu triumphalistischen Zwecken eingesetzt worden. Die Entwürfe waren in den Errungenschaften gestorben.
Majakowski und seine Freunde hatten die Gefahr dieser Perversion schon früh erkannt. Das Lenin-Heft der Zeitschrift LEF, die Nummer 1(5) 1924, enthielt sechs Aufsätze über Lenins Sprache und einen Leitartikel, wahrscheinlich von Majakowskis Hand, unter der Überschrift »Schachert nicht mit Lenin!« Dort wurde, ausgehend von einer Annonce über »gipserne, bronzene, patinierte, marmorne und granitene« Lenin-Büsten in »natürlicher und doppelter Größe« gefor-

dert: »Macht Lenin nicht zur Schablone. Druckt seine Bilder nicht auf Plakate, Wachstuch, Teller, Bierkrüge, Zigarettenetuis«. – »Lernt bei Lenin, aber kanonisiert ihn nicht. Treibt keinen Kult mit dem Namen eines Menschen, der sein ganzes Leben gegen alle Kulte gekämpft hat.« Die Aufsätze zur Sprache Lenins, die sie als ein politisches Phänomen studierten, waren von Majakowski angeregt worden und müssen vom »Schwitzbad« her als Kampfprogramm gegen triumphalistische Sprachregelung und Stereotypie begriffen werden. Die »Gegensprache« des Erfinders, des Komsomolzen Fahrradkin und der Phosphoreszierenden Frau arbeitet Majakowski unübersehbar mit der Kenntnis dieser Untersuchungen. Was hatten die Autoren 1924 gefunden?

Viktor Schklowski zeigte Lenin als »Dekanonisator«. »Seinen Stil konstituiert die Dekanonisierung der revolutionären Phrase, die Ersetzung ihrer traditionellen Worte durch das umgangssprachliche Synonym.« Boris Eichenbaum fand als stilistische Grundtendenz in Lenins Sprache den Abbau der »großen Worte«, die Kreuzung umgangssprachlicher Wendungen mit Literatursprache. Juri Tynjanow stellt in seiner Analyse des »Wörterbuchs des Polemikers Lenin« folgende Verfahren fest: Kampf gegen »glatte Worte«, durch die konkrete, spezifische Bedeutungen nur nebelhaft vertreten sind (Volk, Freiheit, Gleichheit, Demokratie). Kampf gegen eingefahrene Termini, die durch falsche lexikalische Einheit den Sachverhalt vertuschen. Kampf gegen Worte, die die Prozeßhaftigkeit einer Erscheinung verdecken. Befreiung der in Bewegung befindlichen, sich entwickelnden Sache aus dem schematischen und unbeweglichen Wort.[23]

»Schwitzbad« brachte das usurpatorische Sprachgebaren des Bürokratismus auf die Bühne. Aus dem Munde seiner Feinde schallen dem Erfinder die eigenen Worte entgegen.

»Der rote Edison«. Edison, der den Dichter übrigens um ein Jahr überlebte, war in Majakowskis Poetik der Inbegriff des Erfinders – als Veränderer die Gegenfigur zu allen Beharrenden. 1913 sah der Dichter in Edisons neuester Erfindung, die den Tonfilm ermöglichte, den letzten Schritt zur Revolutionierung der Künste durch den Film.[24] 1922, im ersten Teil des Poems »Die V. Internationale«, wollte der Dichter sich in die »Reihen der Edisons« stellen, die er neben den Reihen der Lenins und Einsteins sah: »28 Jahre, nicht die Rose zu riechen, sie zu erfinden – zücht ich mein Hirn.«[25] 1926 stellte Majakowski Edison neben Marx.[26] 1928 erschien er in einem Gedicht über das Radio neben dem sowjetischen Erfinder Popow.[27] 1929 kommt eine Wendung. Neben das Technische des Erfindens tritt, nun nicht mehr durch die Reihung der Namen, sondern bildlogisch entwickelt, beschwörend das Soziale und Politische der Edison-Metapher:

Wir – sind die Edisons
von Hochflügen,
Energien und
Lichtern
ungeahnt.
Doch das Wichtigste an uns
sind wir allzeit
hoch
aufzuzeigen
gesonnen:
Das Wichtigste an uns
ist – unser Sowjetland,
unser Sowjetwille,
unser Sowjetbanner,
unsere
Sowjet-
sonne.[28]

Das »Schwitzbad« verdeutlicht diese Wendung. Dort nämlich wird der »rote Edison« oder der »sowjetische Edison« zur Phrase: Sie bezeichnet den Triumph dessen, der die Metapher verwendet, nicht die Leistung und Haltung dessen, den sie angeblich lobt. Iwan Iwanowitsch, der verantwortliche Mitarbeiter einer nicht näher bezeichneten höheren Instanz, führt den Erfinder der Zeitmaschine als »Errungenschaft« dem

»britischen Angelsachsen« vor, klopft ihm gönnerisch auf die Schulter, verschafft ihm aber das dringend benötigte Geld nicht. Wie das Lob des technischen, wird das Lob des sozialen Fortschritts zur Farce: Triumphanschikow verfitzt sich in seiner Rede auf die »roten Straßenbahnen« derart, daß er alle Jubiläumsgegenstände durcheinanderbringt und schließlich Lew Tolstoi »vor dem Antlitz des Weltimperialismus« die sowjetische Straßenbahn mit den Worten loben läßt: »Ich kann nicht schweigen. Da sind sie die roten Früchte der allgemeinen obligatorischen Volksbildung.» Was als Analyse gedacht ist, mündet im Lallen.

»Sozialer Auftrag«. Die Theorie des »sozialen Auftrags« war von der LEF-Gruppe (besonders von Tschushak, Arwatow und Brik) entwickelt worden. Sie vertrat den Standpunkt, der Künstler als Kenner bestimmter Verfahren, als der »Meister«, habe die Bestellung der herrschenden Klasse zu erledigen. 1927 bis 1929 hatten heftige Debatten stattgefunden, in denen betont wurde, daß der »Auftrag« höchstens im Sinne eines gesellschaftlichen Auftrags, nicht aber einer direkten Bestellung begriffen werden könne. Die LEF-Gruppe war zur Zeit der Entstehung des »Schwitzbads« uneins in dieser Frage. Wie lange konnte die Gruppe von den Erfindungen zehren, die sie in ihren Anfängen gemacht hatte? Während Sergej Tretjakow und Nikolai Tschushak zwischen Herbst 1928 und Ende 1929 auf der reinen Verwertung bestanden, plädierten Majakowski, Brik und Assejew schon für neue Akkumulation, für Laboratoriumsarbeit. Folgerichtig legt Majakowski im »Schwitzbad« den »sozialen Auftrag« als Deckwort für Servilität Belvederski in den Mund, der Triumphanschikow »in Stoßarbeit« und im »sozialistischen Wettbewerb mit mir selber« die Entwürfe des »zukünftigen Mobiliars« angefertigt hat. Wie in Belvederskis Servilismus der soziale Auftrag pervertiert wird so in dem Reporter Momentanikow der revolutionäre Journalismus. Der eingreifend gedachte und ursprünglich auch praktizierte Agitationsvers verkommt in der sich anbiedernden Sprüchemacherei.

»Wandzeitung«. Zeitung, Wandzeitung, »Lebende Zeitung« (Inszenierung von Pressemeldungen) als Medien revolutionärer Öffentlichkeit spielten eine wesentliche Rolle im Kunstkonzept des LEF. Wenn auch Majakowski nie so weit ging wie Sergej Tretjakow, der 1927 die Zeitung »unser Epos« nannte, so war doch für ihn die Tagespresse immer die ganze »Welt im Papierblatt« und der Publikationsort seiner Gedichte. 1926, im Filmszenarium »Wie geht es Ihnen?« zeigt Majakowski sich selber zeitunglesend. Die Einstellungen 115 bis 117 des ersten Teils zeigen: »Majakowski liest weiter. ›Zunahme des Bürokra...‹ Aus dem Buchstaben ›o‹ drängt sich ein kleiner Mannskopf herauf, mit einem Federhalter hinterm Ohr. Er stützt sich mit Pfötchen auf den Reifenrand, klettert heraus, wächst, höher, schwingt drohend Schreibfeder und Bleistift. Der Mann weicht vor ihm zurück, dann geht er zum Angriff über, springt ihm an die Kehle, würgt ihn, drängt ihn mit Mühe zurück in das Zeitungsblatt.«[29] Im »Schwitzbad« verbittet sich Triumphanschikow gegenüber der Stenotypistin, der seine Lobrede auf die »rote Straßenbahn« nicht logisch vorkommt, »Bemerkungen während der Arbeitszeit« und fügt hinzu: »Für Selbstkritik steht ihnen die Wandzeitung offen.« Die Verkehrung ist perfekt. Die Wandzeitung, das Organ der Betriebsöffentlichkeit, wird zur Instanz der Unterwerfung und Unterdrückung. Selbstkritik ohne Kritik des Partners endet in Willkür.

Daß Majakowski bewußt mit dieser Dramaturgie der Sprachbemächtigung arbeitet, wird im dritten Akt unmittelbar thematisiert. Es handelt sich bei diesem Theater im Theater nicht nur um eine pointierte Kritik am Niedergang der Agitationskünste. Hier werden vielmehr Merkmale und Funktionen dieser Bemächtigung vorgeführt. Die wirkliche Fortsetzung des Agitationstheaters, wie sie der erste und zweite Akt mit der Demonstration neuer sozialer Typen und der Analyse der Entleerung und Verkehrung ursprünglich revolutionären Verhaltens bietet, wird als unzumutbare Übertreibung verworfen. Dagegen gefallen die im Ritual erstarrten ballettösen Kämpfe zwischen Arbeit und Kapital.

Das Spiel im Spiel erhellt Majakowskis Vorgehen: Es zeigt, wie im Akt der Usurpation die Worte in neue Umgebungen gesetzt, dort neutralisiert werden und dann andere Funktionen bekommen. Damit ging Majakowski viel weiter als ein Jahr zuvor Michail Bulgakow, der in seiner ausgezeichneten Groteske »Die Purpurinsel« die kitschige Revolutionsspekulation angriff. Das Stück, das die Aufstandsschablone verulkte, indem die Revolution nach Februar- und Oktobermuster auf einer exotischen Insel mit Eingeborenen vorgeführt wird, worin die zeitgenössische Kritik nicht ganz zu Unrecht eine Parodie auf Tretjakows erfolgreiches Stück »Brülle, China!« sah, ist, wie der Untertitel sagt, die »Generalprobe eines Dramas des Bürgers Jules Verne im Theater von Gennadi Panfilowitsch mit Musik, Vulkanausbruch und englischen Matrosen«. Der Witz bestand darin, daß Dramatiker und Theaterleiter aus Angst vor dem allmächtigen Zensor Sawwa Lukitsch, der freilich vom Theater wie von der Politik nichts versteht, bereit sind, alles zu tun, um nur die Aufführung durchzubringen. Der Gefürchtete findet dann auch eine Unzulänglichkeit: Die englischen Matrosen seien ihren Klassenbrüdern nicht rechtzeitig zu Hilfe gekommen. Nichts einfacher als das. Man ändert und rettet das unsägliche Surrogat. Taïrow, der das Stück im Dezember 1928 am Kammertheater aufführte, polemisierte damit gegen die prinzipienlose Verknüpfung von Abenteuerschablone à la Jules Verne und Antikolonialismus, von Unbildung und ideologischem Anspruch. Das traf auf Tretjakow nicht zu, wohl aber auf seine Epigonen. Majakowski ging deshalb weiter als Bulgakow, weil er die politisch-administrativen Ausgangspunkte für die Förderung solcher Surrogate revolutionärer Kunst auf die Bühne brachte. Triumphanschikow, Optimistenko und Iwan Iwanowitsch waren keine beschränkten Theaterzensoren, sondern »verantwortliche Staatsfunktionäre«, wie Triumphanschikow von sich sagt.

Majakowski zeigt, wie die Worte auf zweierlei Art usurpiert werden. Erstens durch ein System von Sprachregelungen. Schon im Gedicht »Künstliche Menschen« (1926) hatte Majakowski den »Menschen ›System Bürokrat‹« als einen beschrieben, der innen anstatt einer Stimme über einen »Apparat zur Geburt einiger Ausdrücke« verfügt: Havarie im Betrieb, Skandal, Schweinerei – »Müssen wir koordinieren«. Schlendrian im Amt, warten monatelang – »Keine Aufregung, biegen wir hin«. Kampf brauchts gegen diesen Bürokratismus, aber er – »Schiefgegangen, leider!«[30] Im »Schwitzbad« sind vor allem Iwan Iwanowitsch und Optimistenko Meister der Sprachregelung. Mit: »die kleinen Unzulänglichkeiten im Mechanismus« oder »Ich rede mit Pawel Bartholomäytsch persönlich« oder »Man muß eine breite Kampagne eröffnen« erledigt Iwan Iwanowitsch alle Probleme. In den Dialogen Optimistenkos mit dem Bittsteller und der Bittstellerin im zweiten Akt wird Macht und Sinnentleerung eines Wortes demonstriert.

Bittsteller: Ich bitte Sie, Genosse Sekretär, koordinieren Sie, bitte, koordinieren Sie.

Optimistenko: Das geht zu machen. Koordinieren geht immer. Jede Frage läßt sich koordinieren.

Zweitens durch die Stereotypie des Argumentierens. Die Tiraden der Bürokraten folgen immer einem Muster. Triumphanschikow betont zunächst die Bedeutung seines Amtes, äußert sich dann über Errungenschaften und verfängt sich schließlich in einem Kauderwelsch aus unverdauten Losungen und Formeln. Optimistenko »koordiniert« unablässig – aber als »hohe staatliche Institution« nur »große Dinge«. Iwan Iwanowitsch zitiert die Autoritäten, spricht souverän von den »Krisen des Wachstums«, will ewig einen seiner einflußreichen Bekannten anrufen und gibt sich welterfahren: »Waren Sie schon mal in England? Lauter Engländer!«

Die Funktionen, die die Worte in ihrer neuen Umgebung ausfüllen, sind deutlich Alibi und Abriegelung. Sie dienen der Verbreitung eines Scheins revolutionärer Legitimität und zugleich zur Absicherung gegen die Analyse dieser Alibidienste. Majakowskis »Schwitzbad« untersucht beide Funktionen in der Konfrontation mit der Sprache des Erfinders und der Phosphoreszierenden Frau. Hier herrschen Improvisation, lose Übertreibung im Verein mit Wissen und geistiger Disziplin. Was Seltsamkow von der Leistung seiner Zeitmaschine sagt, bezeichnet ebenso die Denk- und Sprachhaltung des Erfinders und seiner Verbündeten, zu denen auch Polja, Dunkelmanko und Continental gehören: »Sieh her: die Feuerwerksphantasien eines Wells, das futuristische Gehirn Einsteins, die animalischen Schlafgewohnheiten der Bären und Yogis – alles, alles ist in diese Maschine komprimiert, gepreßt und verschmolzen.« Jeder macht freilich auf seine Weise davon Gebrauch. Der praktische Fahrradkin übersetzt die Herrschaft über die Zeit in eine Rache an Rednern, deren Gefasel man durch schnellen »Vorlauf« überspringen kann, in Hühnerbrutapparate oder eine Selbstbeförderung zu einem »Altbolschewiken mit dreihundertjährigem Parteibuch« – wegen der Autorität. Die Phosphoreszierende Frau vom »Institut für Geschichte der Entstehung des Kommunismus« zeigt die Haltung der Forscherin, die sich lebendigen, etwas eigentümlichen Beweisstücken gegenübersieht. Sie rechnet in großen Zeiträumen. Aber alle handeln sie respektlos gegenüber den Formeln der Sprachregelung und die Scheinordnung der Stereotypie. Wie Majakowski Seltsamkow sagen läßt: »In diesem Augenblick bringe ich sämtliche Hellseher, Kartenlegerinnen und Propheten um ihr Brot.«

Man muß sich allerdings davor hüten, Majakowskis Korrekturkonzept in dieser »Gegensprache« zu sehen. Sie selber ist nicht ohne Ironie behandelt, die Naivität der Erfinderpartei unterläuft Majakowski nicht, sie ist Absicht.

Die Korrektur steckt im Vorspielen einer generellen Ungesichertheit: Die wirksamen Methoden gesellschaftspolitischer Analyse, wie sie an der Lenin-Sprache untersucht worden waren, sind gegen Perversion nicht gefeit. Hochfliegende Entwürfe verkommen in Großsprecherei. Definition wird Sprachregelung. Analyse endet im Formelgeklapper. Das traf zugleich das linke Kunstkonzept, das von Reflexberechnung, Standardschau, Austreibung aller Art, Unübersichtlichkeit der Realität sehr viel gehalten hatte.

Anmerkungen

1 »Prawda« v. 9.3.1930
2 »Proletarskaja literatura« 1931, Nr. 4, S. 178
3 M. I. Kalinin, Über die Reinigung des Sowjetapparats, »Istwestija« v. 21.6.1929
4 »Komsomolskaja prawda« v. 22.3.1930
5 »Rabotschi i teatr« (Arbeiter und Theater) v. 1.4.1930
6 S. besonders den Beschluß des ZK der KPdSU (B) v. 14.3.1930 »Über die Bekämpfung der Verzerrungen der Parteilinie in der Kollektivwirtschaftsbewegung«, in: Die KPdSU in Resolutionen und Beschlüssen der Parteitage, Konferenzen und Plenen des ZK 1898–1954. Bd. 8. Manuskriptdruck nach der 7. russ. Ausgabe in 3 Teilen, Berlin 1957, S. 72–77
7 J. W. Stalin, Die rechte Abweichung in der KPdSU, in: Inprekor (= Internationale Pressekorrespondenz) 1930, Nr. 7, S. 134
8 W. P. Danilow, Die Kollektivierung der Landwirtschaft der UdSSR, in: Sowjetskaja istoritscheskaja enziklopedija (Sowjetische Historische Enzyklopädie), Moskau 1965, Bd. 7, Sp. 486
9 Sowjetskoje krestjanstwo (Die sowjetische Bauernschaft), Moskau 1970, S. 216–17
10 »Prawda« v. 18.11.1929
11 Inprekor 1929, Nr. 110, S. 2600
12 Inprekor 1929, Nr. 116, S. 2728
13 Inprekor 1929, Nr. 114, S. 2689
14 Danilow a.a.O., Sp. 489–90.
15 Sowjetskoje krestjanstwo a.a.O.
16 »Literaturnaja gasjeta« v. 31.3.1930
17 »Iswestija« v. 1. u. 5.9.1929
18 »Iswestija« v. 13.6.1929
19 S. M. Eisenstein, Schriften III. »Oktober«, mit den Notaten zur Verfilmung von Marx' »Kapital«, hrsg. v. H. J. Schlegel, München 1975, S. 311
20 L. J. Brik, Die letzten Monate, in: Vladimir Majakovskij. Memoirs and essays. Editors: B. Jangfeldt/N. A. Nilsson, Stockholm 1975, S. 15–16

21 Majakowski-Museum Moskau
22 L. J. Brik a.a.O., S. 21
23 W. Schklowski, J. Tynjanow u. a.: Sprache und Stil Lenins, München 1970
24 Wladimir Majakowski, Sämtliche Werke, Bd. 1, Moskau 1955, S. 284
25 Ebda., Bd. 4, Moskau 1957, S. 108
26 Ebda., Bd. 7, Moskau 1958, S. 227
27 Ebda., Bd. 9, Moskau 1958, S. 320
28 Wladimir Majakowski, Ausgewählte Werke. Gedichte, nachgedichtet v. Hugo Huppert, Berlin (DDR), 1966, S. 356
29 Wladimir Majakowski, Ausgewählte Werke. Stücke, Berlin (DDR), 1967, S. 364
30 Wladimir Majakowski, Sämtliche Werke, Bd. 7, Moskau 1958, S. 203–205

Bibliographie

Ausgaben

Teatr i kino (Theater und Film). Bd. 1–2, Moskau 1955–1958
Die Wanze. Das Bad. Deutsch von Alfred Edgar Thoss. Manuskriptdrucke, Berlin (DDR) 1957
Mysterium buffo und andere Stücke. Deutsche Nachdichtung von Hugo Huppert, Frankfurt a. M. 1960
Mysterium buffo. Die Wanze. Das Schwitzbad. Nachdichtung und Geleitwort von Hugo Huppert, Leipzig 1963
Stücke. Bühnenwerke und Filmszenarien. Nachgedichtet von Hugo Huppert. Bd. 3 der Ausgewählten Werke, herausgegeben von Leonhard Kossuth, Berlin (DDR) 1967
Die Wanze. Aus dem Russischen von Rainer Kirsch. Manuskriptdruck, Berlin (DDR) 1977
Schwitzbad. Aus dem Russischen von Rainer Kirsch, Leipzig 1978

Bibliographien

Naumow, E. I.: W. W. Majakowski. Seminari. 4. überarbeitete und ergänzte Auflage, Leningrad 1963
Osmitel, E. K.: Sowjetskaja satira. Seminari. Moskau-Leningrad 1964
Wladimir Wladimirowitsch Majakowski. Opisanie dokumentalnych materialow. Bd. 1–2, Moskau 1964–1965
Kossuth, L.: Bibliographie der deutschen Majakowski-Literatur. In: Kunst und Literatur 1973, H. 10. 1974, H. 1, 7, 8

Darstellungen

Ripellino, A. M.: Majakowski und das russische Theater der Avantgarde, Köln 1964
Paperny, S. S.: Poetitscheski obras Majakowskogo, Moskau 1961
Plutschek, W. N.: Na szene — Majakowski, Moskau 1962
Bogdanović, N.: Futurizam Marinetija i Majakovskog, Beograd 1963
Stahlberger, L. L.: The symbolic system of Majakovskij, London 1964
Mathauser, Z.: Die Kunst der Poesie, Praha 1967
Chardshiew, N. I., Trenin, W. W.: Poetitscheskaja kultura Majakowskogo, Moskau 1970

Fewralski, A. W.: Wstretschi s Majakowskim, Moskau 1971
Erinnerungen an Majakowski. Herausgegeben von Gerhard Schaumann, Leipzig 1972, 2. Auflage 1977
Mikulášek, M.: Pobedny smech, Brno 1975
Huppert, H.: Ungeduld des Jahrhunderts, Berlin 1976
Jangfeldt, B., Majakovskij and Futurism. 1917–1927, Stockholm 1976
Majakovskij. 20 Jahre Arbeit, Berlin (West) 1978

Bildnachweis

Umschlag: Majakowski in der Hauptrolle des Films »Das Fräulein und der Rowdy«, 1918. Literatur-Museum, Moskau
S. 159 Karikatur von Juri Ganf in »Proshektor« 1929
S. 160/161 Fotos aus »Proshektor« 1929
S. 162 Karikatur von Veseli, aus: Veseli: Protiv šersti, Jaroslavl, 1927
S. 163 Archiv Lilja Brik
S. 164–167 Majakowski-Museum, Moskau
S. 168–173 Bachruschkin-Theatermuseum Moskau
S. 174 Aus »Na literaturnom postu« 1929, Nr. 20, S. 68

Das Buch

Die Bindung zwischen Mutter und Kind ist sicherlich die intensivste und folgenreichste im Leben eines Menschen, denn sie beeinflußt die Qualität aller Beziehungen, die der Mensch im Laufe seines Lebens zu anderen Personen aufnehmen wird. Marshall H. Klaus und John H. Kennell haben sich mehr als zehn Jahre mit dem Problem dieser Bindung beschäftigt. Aufgrund ihrer Forschungsergebnisse und Erfahrungen gehen sie von der zentralen Annahme aus, daß die ersten Minuten und Stunden nach der Geburt entscheidend seien. Während dieser »sensiblen Phase« halten sie es im Interesse einer optimalen späteren Entwicklung für unbedingt erforderlich, »daß die Mutter beziehungsweise der Vater engen körperlichen Kontakt mit dem Säugling halten«. Die langfristig positiven Auswirkungen eines frühen und intensiven Mutter-Kind-Kontaktes, besonders während dieser sensiblen Phase, die Wechselseitigkeit in der Beziehung zwischen Mutter und Kind und die Einzigartigkeit dieser Bindung werden mit einer Fülle von empirischem Material belegt. Die Antworten gehen dabei immer von den Wünschen und Bedürfnissen der Eltern aus und setzen sich mit deren Gefühlen, Gedanken, Hoffnungen und Ängsten auseinander. Die Autoren gehen außerdem ausführlich auf ein in der Regel tabuisiertes Thema ein: auf die Geburt kranker oder mißgebildeter Kinder. Aus ihrem reichhaltigen Erfahrungsschatz entwickeln sie Hinweise für die klinische Praxis. »Klaus und Kennell waren mit ihrem klinischen Konzept ohne Zweifel bahnbrechend . . . Durch die Einschaltung von Patientengesprächen, kritischen Kommentaren erfahrener Fachkollegen, die Verwendung von Fotos, Schaubildern usw. wird das Lesen selber zu einem anregenden Prozeß, der viele Fragen neu stellt oder anders beleuchtet.« (Sabine Richenbächer in der *Neuen Zürcher Zeitung*)

Die Autoren

Marshall H. Klaus und John H. Kennell sind Professoren für Kinderheilkunde an der Case Western Reserve University School of Medicine. Sie arbeiten als Kinderärzte am Rainbow Babies and Children's Hospital in Cleveland, Ohio.